FLEISCH, GEMÜSE & TEIG SAFTIG GEFÜLLT

Meister Verlag GmbH

INHALT

SAFTIG GEFÜLLTES AUS ALLER WELT

In jedem Land wird Gefülltes anders zubereitet. Mal vegetarisch in Form von Blätterteigpäckchen mit Frischkäsefüllung wie in Marokko, mal raffiniert als Schweinefilet im Teigmantel wie in Österreich und mal üppig als Geflügel-Lasagne mit viel Gemüse in Italien.

OSTEUROPA

Gefülltes aller Art ist in den osteuropäischen Ländern sehr beliebt. Je nach Nation und Region werden herzhafte oder süße gefüllte Spezialitäten als Hauptgericht oder als Dessert serviert. In Ungarn kommen im Herbst gefüllte Kürbishälften mit Dillsauce auf den Tisch, in Böhmen Zwetschgenknödel.

NORD- & MITTELEUROPA

Im Norden und in der Mitte Europas ist das Angebot an Gefülltem besonders groß. Ob Gemüse, Obst, Fleisch oder Geflügel, Gefülltes bereichert die Speisepläne und sorgt für Abwechslung. Wiener Schweinefilet und Pfälzer Saumagen sind feine Sonntagsessen, Tiroler Sauerkraut-Täschchen dagegen ein alltäglicher Schmaus.

ASIEN & FERNER OSTEN

In China werden nicht nur dampfend heiße Gerichte aus dem Wok im Straßenverkauf angeboten, sondern auch kalte Häppchen, meist in Form liebe-

AFRIKA & NAHER OSTEN

Als Basis für Füllungen verwenden die Frauen in den Wüstenstaaten meist Couscous, der, mit Kreuzkümmel und Minze gewürzt, seine landestypische Note erhält. Auch mit Ziegenkäse werden ausgesprochen leckere Füllungen kreiert.

voll gefüllter Gemüse. In anderen Ländern Asiens dagegen bevorzugen die Menschen mit Teig Umhülltes und Fritiertes. Der Inhalt ist oft recht scharf.

Neue Welt

Eine Spezialität aus der Neuen Welt sind Baked Potatoes. Kartoffeln werden in Alufolie gegart, dann leicht aufgedrückt und mit einer köstlichen Füllung versehen. Im Land der unbegrenzten Möglichkeiten finden sich immer wieder ganz neue raffinierte »Potato-Toppings«.

Mittelmeerraum

Im Mittelmeerraum speist man gerne lange und vor allem ausgiebig – und etwas raffiniert Gefülltes ist immer dabei. Mal sind es feine Fischröllchen, mal zartes Geflügelfleisch zwischen Lasagneblättern und, wenn sie auf dem Markt erhältlich sind, fritierte Zucchiniblüten.

Mittel- & Südamerika

Zu kulinarischen Favoriten der Südamerikaner gehören gefüllte Gerichte. Sie werden nicht nur abends im Kreise der Familie genossen, sondern auch bei den unzähligen Fiestas mit reichlich Tequila verzehrt.

ENTE MIT APFEL-ROSENKOHL-FÜLLUNG

BELGIEN

Mit Rosenkohl und säuerlichen Äpfeln werden in Belgien an Festtagen Enten gefüllt. Frischer Majoran sorgt für ein feines Aroma, Honigwasser verleiht der Ente ihre glänzende Kruste.

ZUTATEN
(Für 4 Portionen)

- 200 g Rosenkohl
- Salz, schwarzer Pfeffer
- 2 Äpfel (siehe Zutatentip)
- 2 TL frische Majoranblätter
- edelsüßes Paprikapulver
- 1 küchenfertige junge Ente (etwa 1,8 kg)
- 1/8 l trockener Weißwein

AUSSERDEM

- einige Holzspießchen
- 2 EL Butterschmalz
- 1-2 EL Honig zum Glasieren

ZUTATENTIP

Verwenden Sie möglichst feste Äpfel mit einem leicht säuerlichen Aroma. Sehr gut geeignet sind folgende Sorten: Jonathan, Boskoop, Goldparmäne und Cox Orange.

1 Den Rosenkohl putzen und waschen. Die Strünke über Kreuz einschneiden. Die Röschen zugedeckt in wenig Salzwasser etwa 10 Minuten garen, dann gut abtropfen lassen.

Schritt 1

2 Inzwischen die Äpfel gründlich waschen und trockenreiben. Dann vierteln, entkernen und grob würfeln. Die Äpfel mit dem Rosenkohl vermischen. Mit dem Majoran, Salz, Pfeffer und Paprika würzen.

3 Den Backofen auf 225 °C vorheizen. Die Ente innen und außen waschen und abtrocknen. Dann mit Salz und Pfeffer kräftig einreiben und mit der Apfel-Rosenkohl-Mischung füllen. Die Bauchöffnung mit Holzspießchen fest zustecken.

Schritt 3

4 Das Butterschmalz in einem Bräter zerlassen. Die Ente mit der Brust nach unten hineinlegen. Im Ofen (Gas 4; Umluft 200 °C) 40 Minuten braten, dabei nach und nach den Wein dazugießen. Die Ente mehrmals mit dem Bratensaft übergießen.

Schritt 4

5 Die Ente wenden und weitere 40 Minuten braten. Den Honig mit etwas heißem Wasser verrühren. Die Ente 10 Minuten weiterbraten, dabei mit Honigwasser bepinseln.

Zubereiten **40** Min.
Braten **1** Std. **30** Min.
Pro Portion: 770 kcal/3221 kJ; 48 g EW; 54 g F; 23 g KH

TYPISCH BELGISCH

Entenbraten ist nicht nur in Deutschland ein beliebtes Festtagsessen. Dieses Rezept stammt aus Belgien, wo man Enten und Gänse auf großen Bauernhöfen freilaufend hält. Ihr Fleisch ist ganz besonders würzig und saftig. Auch die Füllung, wie Rosenkohl und Äpfel, stammt meist aus dem eigenen Bauerngarten.

Kochtip

So tranchieren Sie die Ente zum Servieren: mit einem scharfen, schweren Messer oder einer Geflügelschere die Schenkel abschneiden und vom Gelenk drehend lösen. Dann die Flügel mit einem Teil des Brustfleisches abtrennen. An beiden Seiten des Brustknochens entlangschneiden und das Brustfleisch ablösen.

Serviertip

Dazu Maronen und Kartoffeln oder Semmelknödel sowie gegarten Rotkohl oder einen Rotkohlsalat reichen.

Am besten paßt ein kräftiger Rotwein, etwa ein Spätburgunder, oder ein heißer Punsch.

Pfälzer Saumagen

Deutschland

Die deftige Spezialität mit der pikant gewürzten Füllung aus Fleisch und Kartoffeln ist bereits weltberühmt und schmeckt nicht nur verwöhnten Staatsgästen im noblen Rahmen.

ZUTATEN
(Für 6 Portionen)

- 1 kleiner Schweinemagen

FÜR DIE FÜLLUNG
- 750 g vorwiegend festkochende Kartoffeln
- Salz, schwarzer Pfeffer
- 2 EL Öl
- 6 Schalotten
- 1 Knoblauchzehe
- 1 Bund Petersilie
- 750 g gepökelte Schweineschulter
- 750 g Bratwurstbrät
- ¼ TL geriebene Muskatnuß
- 1 EL getrockneter Majoran
- 1 TL getrockneter Thymian
- ¼ TL gemahlener Koriander

AUSSERDEM
- etwas Küchengarn
- 1 Nadel
- einige Kopfsalatblätter
- einige Petersilienblätter

1 Den Schweinemagen unter fließendem kaltem Wasser innen und außen gründlich waschen, dann trockentupfen. Alle Öffnung, bis auf eine, mit Küchengarn fest zubinden.

2 In einem Topf Wasser mit etwas Salz zum Kochen bringen. Kartoffeln waschen und darin etwa 20 Minuten garen. In einer Pfanne Öl erhitzen. Schalotten und Knoblauch schälen, würfeln und darin glasig werden lassen.

3 Die Petersilie abbrausen, trockenschütteln und ohne grobe Stiele fein hacken. Das Fleisch in 1½ cm große Würfel schneiden. Die Kartoffeln schälen und in 1 cm große Würfel schneiden. Das Fleisch mit den Kartoffeln, dem Brät, den Zwiebeln und der Petersilie mischen. Die Masse mit Salz, Pfeffer und Gewürzen sowie Kräutern abschmecken.

4 Die Masse mit einem Löffel in den Magen füllen und die Öffnung mit dem Garn gut zunähen (siehe Kochtip). Dann Salzwasser in einem großen Topf zum Kochen bringen. Den Saumagen hineinlegen und zugedeckt bei schwacher Hitze in 2 Stunden 30 Minuten gar ziehen lassen. Dann herausnehmen, gut abtropfen lassen und in Scheiben schneiden. Mit Salat- und Petersilienblättchen anrichten.

Schritt 3

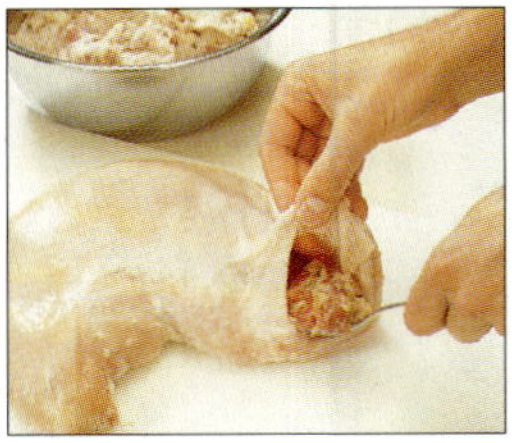

Schritt 4

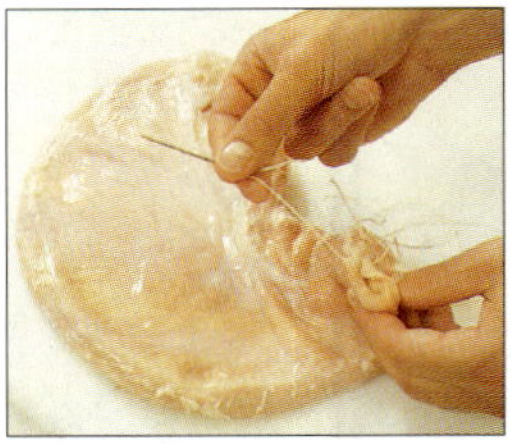

Schritt 4

Zubereiten 3 Std. 30 Min.
Garen 2 Std. 30 Min.
Pro Portion: 780 kcal/3263 kJ; 49 g EW; 55 g F; 22 g KH

Typisch pfälzisch

Die Pfalz ist bekannt für ihre guten Kartoffeln und viele leckere Kartoffelgerichte. Eine weitere regionale Spezialität sind die Fleisch- und Wurstwaren. Der Gefüllte Saumagen verbindet beides. Zu Ruhm und Ehre kam er durch zahlreiche offizielle Essen mit Bundeskanzler Kohl im hübschen Pfälzer Weinort Deidesheim.

KOCHTIP

- Den Magen nicht zu prall füllen, die Füllung dehnt sich beim Garen aus. Klopfen Sie den gefüllten Magen mit den Händen etwas flach und stechen Sie ihn mit einer Gabel auf jeder Seite einmal ein.
- Reste vom Saumagen am nächsten Tag in erhitztem Fett in einer Pfanne auf beiden Seiten anbraten.

SERVIERTIP

Zum Saumagen rohes Weinsauerkraut, kräftiges Bauernbrot und frische, gesalzene Landbutter servieren.

Einen Pfälzer Wein, z. B. trockenen Grauburgunder aus Leinsweiler oder Deidesheim, reichen.

THÜRINGER WICKELHÜTES MIT PILZSAUCE

DEUTSCHLAND

Unter dem Namen Wickelhütes verstecken sich ganz besondere Gaumenfreuden. Knödelteig wird mit Butter und Bröseln gefüllt, gewickelt und gegart – mit Pilzsauce einfach ein Genuß.

ZUTATEN
(Für 6 Portionen)

FÜR DEN TEIG
- 600 g mehligkochende Kartoffeln
- 200 g Mehl
- Salz, schwarzer Pfeffer
- 1 Prise geriebene Muskatnuß
- 2 Eier
- 125 g weiche Butter
- 100 g Semmelbrösel

FÜR DIE SAUCE
- 300 g Pfifferlinge
- 25 g Butter
- 1 Zwiebel
- ½ EL Mehl
- 250 g Schlagsahne

AUSSERDEM
- Mehl für die Arbeitsfläche
- Alufolie
- Butter zum Einfetten
- 3 EL gehackte Petersilie

1 Kartoffeln waschen. Zugedeckt in Salzwasser 20 Minuten garen. Noch heiß schälen und durch eine Kartoffelpresse drücken. Mit Mehl, Salz, Pfeffer, Muskat und Eiern zu einem glatten Teig verkneten (siehe Kochtip). Zugedeckt 15 Minuten ruhen lassen.

2 Den Teig halbieren und auf einer bemehlten Arbeitsfläche jeweils zu einem Rechteck (20 x 30 cm) von ½ cm Dicke ausrollen. 75 g Butter in einer Pfanne erhitzen. Die Brösel darin bräunen. Die Teigstücke mit der restlichen Butter bestreichen. Dann die Semmelbrösel darauf verteilen.

3 Von der Alufolie 2 Stücke (30 x 40 cm) abschneiden und einfetten. Die Teigstücke aufrollen und darin einwickeln. In einem Topf Wasser zum Kochen bringen. Die Rollen hineingeben und bei schwacher Hitze in etwa 30 Minuten gar ziehen lassen.

4 Die Pilze putzen, säubern und zerkleinern. Die Butter in einer Pfanne erhitzen. Die Zwiebel schälen, würfeln und darin glasig werden lassen. Die Pilze hinzufügen und 5 Minuten mitdünsten. Mit dem Mehl bestäuben, salzen, pfeffern und die Sahne angießen. Weitere 5 Minuten köcheln lassen.

Schritt 2

Schritt 3

Schritt 4

Zubereiten **1** Std. **30** Min.
Ruhen **15** Min. Garen **50** Min.
Pro Portion: 600 kcal/2510 kJ; 11 g EW; 37 g F; 55 g KH

TYPISCH THÜRINGEN

Traditionell essen die Thüringer ihre Wickelhütes recht deftig mit Sauerkraut, Lauch und Pökelkamm. Die Variation mit Pfifferlingen ist eine neuere, feine Abwandlung des Gerichts. Und das hat seinen Grund – der Thüringer Wald bietet nicht nur wunderschöne Landschaft, er ist auch ein gutes Revier für Pilze.

Kochtip

- Falls der Kartoffelteig nicht geschmeidig ist, sondern klebt, sollten Sie noch etwas Mehl unterarbeiten.
- Wenn vom Wickelhütes etwas übrig bleibt, können Sie die Reste in Scheiben schneiden und in einer Pfanne in erhitztem Fett auf beiden Seiten kurz anbraten. Dazu paßt Blattspinat wunderbar.

Serviertip

Am besten schmeckt zu den Wickelhütes ein gemischter Blattsalat mit einer Rotwein-Kräuter-Vinaigrette.

Als passendes Getränk ein gekühltes Bier, idealerweise ein frisches Pils, servieren.

SERVIERTIP Bratkartoffeln, gewürzt mit frischen Majoranblättchen, sind die ideale Beilage dazu.

Dazu paßt ein Fendant – ein trockener Weißwein aus dem Westen der Schweiz.

ÄPFEL NACH GRAUBÜNDNER ART

SCHWEIZ

Die süß-säuerliche Hülle des Apfels geht mit der würzigen Fleischfülle eine perfekte Verbindung ein. Das Ergebnis schmeckt paradiesisch gut, am besten direkt aus dem Ofen.

ZUTATEN
(Für 4 Portionen)

- 8 große säuerliche Äpfel (z. B. Boskoop)
- 6 EL Zitronensaft

FÜR DIE FÜLLUNG

- 2 Zwiebeln
- 4 EL Öl
- 2 TL getrockneter Thymian
- 75 g Bündner Fleisch (siehe Zutatentip)
- 200 g Schweinehackfleisch
- 75 g geriebener Greyerzer
- Salz, schwarzer Pfeffer
- ⅛ l trockener Weißwein oder Brühe
- 1½ EL Butter

AUSSERDEM

- Fett für die Form

ZUTATENTIP

Wenn Sie kein Bündner Fleisch bekommen sollten, können Sie statt dessen 75 g Lachsschinken verwenden.

1 Die Äpfel waschen, trockenreiben und das Kerngehäuse mit einem Apfelausstecher entfernen. Die Äpfel aushöhlen. Das Fruchtfleisch zerkleinern. Die Äpfel und das Fruchtfleisch mit dem Zitronensaft beträufeln.

2 Die Zwiebeln schälen und fein würfeln. Das Öl in einer Pfanne erhitzen und die Zwiebeln darin glasig werden lassen. Den Thymian dazugeben. Das Bündner Fleisch fein würfeln. Mit dem Apfelfruchtfleisch unter die Zwiebeln mischen. Alles etwa 1 Minute bei ausgeschalteter Herdplatte ziehen, dann abkühlen lassen.

3 Den Backofen auf 200 °C vorheizen. Eine Auflaufform ausfetten. Das Schweinehack mit der Zwiebelmischung und dem Käse gut vermengen. Mit Salz und Pfeffer würzen. Die Masse in die Äpfel füllen, dabei ziemlich aufhäufen und gut festdrücken.

4 Die Äpfel nebeneinander in die Form setzen. Den Wein oder die Brühe dazugießen. Die Butter in Stückchen schneiden und auf den Äpfeln verteilen. Die Äpfel im Ofen (Gas 3; Umluft 180 °C) etwa 30 Minuten backen. Bei zu starker Bräunung mit Alufolie abdecken. Noch heiß servieren.

Schritt 2

Schritt 3

Schritt 4

Zubereiten 1 Std. 10 Min.
Garen 30 Min.
Pro Portion: 395 kcal/1653 kJ; 23 g EW; 30 g F; 8 g KH

TYPISCH SCHWEIZERISCH

Bündner Fleisch ist eine typische Spezialität der Region. Zarte Stücke der Rinderkeule werden zuerst gepökelt. Dann trocknen sie in würziger Gebirgsluft. Früher waren Bündner Fleisch und Äpfel die Wegzehrung für Bergbauern. Heute sind sie ein beliebter Imbiss.

TIROLER SAUERKRAUT-TÄSCHCHEN

ÖSTERREICH

ZUTATEN
(Für 4 Portionen)

FÜR DEN NUDELTEIG
- 300 g Mehl
- 3 große Eier
- 1 EL Öl
- ½ TL Salz

FÜR DIE FÜLLUNG
- 250 g Sauerkraut
- 1 Zwiebel
- 75 g Schinkenspeck
- 1 EL Schweineschmalz
- Salz, schwarzer Pfeffer

AUSSERDEM
- Mehl für die Arbeitsfläche
- 1 Eiweiß zum Bepinseln
- 200 g Butterschmalz (siehe Zutatentip)

ZUTATENTIP
Statt Butterschmalz können Sie auch 200 ml hocherhitzbares Pflanzenöl nehmen.

Unter der knusprigen Teighülle verbirgt sich eine deftige Sauerkrautfüllung mit Schinkenspeck. Das Traditionsgericht aus der Bergwelt Österreichs schmeckt auch im Flachland sehr gut.

1 Das Mehl auf eine Arbeitsfläche geben, in die Mitte eine Mulde drücken. Eier, Öl und Salz in die Mulde geben und mit einer Gabel verquirlen. Nach und nach Mehl vom Rand unterrühren. Alles zu einem elastischen Teig verkneten (siehe Kochtip). Dann in Frischhaltefolie wickeln und 30 Minuten ruhen lassen.

Schritt 1

2 Das Sauerkraut kleinschneiden. Die Zwiebel schälen und fein würfeln. Den Speck in kleine Würfel schneiden. Das Schmalz in einer Pfanne erhitzen. Den Speck und die Zwiebel darin glasig werden lassen. Das Sauerkraut dazugeben und 5 Minuten garen.

Schritt 2

3 Den Teig halbieren. Jede Hälfte 1-2 mm dünn auf einer bemehlten Arbeitsfläche ausrollen. Dann Kreise von 7 cm Durchmesser ausstechen (siehe Kochtip).

4 Auf die Hälfte der Teigkreise je 1 EL Sauerkraut geben. Die Ränder mit Eiweiß bepinseln, die übrigen Kreise darauf legen und mit einer Gabel gut andrücken. Das Schmalz in einer tiefen Pfanne erhitzen. Die Teigtaschen hineingeben und auf jeder Seite goldbraun braten. Heiß servieren.

Schritt 4

Zubereiten 1 Std. 45 Min.
Pro Portion: 550 kcal/2301 kJ; 22 g EW; 27 g F; 55 g KH

TYPISCH ÖSTERREICHISCH
Die Zillertaler, Stubaier und Kitzbüheler Alpen bieten nicht nur ein herrliches Bergpanorama mit besten Wandermöglichkeiten. Nach dem Gipfelaufstieg wird der Bergsteiger hier in den zahlreichen Hütten mit wahren Köstlichkeiten verwöhnt. Mit gefüllten Täschchen, Knödeln und Kaiserschmarrn läßt sich sehr gut rasten.

Kochtip

• Falls der Teig das Mehl nicht ganz aufnimmt, sollten Sie tropfenweise Wasser dazugeben. Falls der Teig zu weich ist und klebt, etwas Mehl unterkneten.

• Wenn Sie eine Nudelmaschine besitzen, können Sie den Teig auch damit ausrollen. Zum Ausstechen eine entsprechende Ausstechform oder ein Glas nehmen.

Serviertip

Dazu einen pikanten Quark mit Schnittlauch, serviert in einer ausgehöhlten roten Paprika, reichen.

In Österreich trinkt man zu dem herzhaften Essen ein gutgekühltes naturtrübes Hefeweizen-Bier.

WIENER SCHWEINEFILET IN BLÄTTERTEIG

ÖSTERREICH

Sie erwarten Gäste, die Sie kulinarisch verwöhnen wollen? Dieses Gericht ist genau das richtige dafür: Zartes Filet wird mit würziger Pilzfarce und knusprigem Teig fein umhüllt.

ZUTATEN

(Für 4 Portionen)

- 400 g Schweinefilet (siehe Zutatentip)
- 2 EL Öl
- Salz, schwarzer Pfeffer
- 300 g Tiefkühl-Blätterteig
- 4 Schalotten
- 200 g Champignons
- 75 g gekochter Schinken
- 20 g Butter
- 2 EL Fleischfond
- 2 Eigelbe
- 1 TL getrockneter Thymian
- 200 g Wirsingblätter

AUSSERDEM

- 1 Eigelb

ZUTATENTIP

Lassen Sie sich von Ihrem Metzger für dieses Gericht ein gleichmäßig dickes Stück Filet ohne Spitzen geben.

1 Fleisch mit Küchenpapier trockentupfen. Öl in einer Pfanne erhitzen. Fleisch darin rundherum anbraten, salzen, pfeffern und abkühlen lassen. Blätterteig auftauen lassen. Schalotten schälen. Pilze putzen und säubern. Schalotten, Pilze und Schinken fein würfeln.

2 Butter in einer Pfanne erhitzen. Schalotten darin glasig werden lassen. Pilze und Fond dazugeben. Bei mittlerer Hitze dünsten, bis die Flüssigkeit verdampft ist. Mit Thymian, Salz und Pfeffer würzen. Schinken untermischen, abkühlen lassen. Eigelbe unterrühren.

3 In einem Topf Salzwasser zum Kochen bringen. Wirsing waschen und darin 2 Minuten garen. Dann eiskalt abschrecken, trockentupfen und die Mittelrippen entfernen. Den Backofen auf 200 °C vorheizen. Ein Backblech mit Backpapier auslegen.

4 Teig zu einem Rechteck (30 x 35 cm) ausrollen. Wirsing darauf verteilen, dabei einen Rand freilassen. Das Fleisch darauf legen, rundum mit Pilzfarce bestreichen, in den Teig einrollen. Seiten umschlagen und andrücken, auf das Blech legen (siehe Kochtip). Mit Eigelb bestreichen. Im Ofen (Gas 3; Umluft 180 °C) 35 Minuten backen.

Schritt 1

Schritt 2

Schritt 4

Zubereiten **1** Std. **20** Min.
Backen **35** Min.
Pro Portion: 645 kcal/2699 kJ; 37 g EW; 44 g F; 25 g KH

TYPISCH WIENERISCH

Ausgezeichnet essen hat in Österreich lange Geschichte. Schließlich waren zu k. u. k. Zeiten adlige und nichtadlige Persönlichkeiten aus ganz Europa am Wiener Hof zu Gast. Auch kulinarisch sah Österreich über die Staatsgrenzen hinaus. Das Schweinefilet im Teig ist eine köstliche Abwandlung des Filet Wellington.

Kochtip

- Aus Blätterteigresten können Sie beliebige Motive formen und den Teigmantel vor dem Backen damit verzieren. Die Motive an den Teigmantel drücken.
- Die gebackene Blätterteigrolle sollten Sie vor dem Servieren noch etwa 10 Minuten im ausgeschalteten, geöffneten Backofen warmgestellt ruhen lassen.

Serviertip

Zum Dessert eine Schokoladen-Kirsch-Torte mit Zuckerguß und kandierten Kirschen servieren.

Bieten Sie Ihren Gästen zu diesem Gericht einen Grünen Veltliner aus Niederösterreich an.

Rouladen 3 x anders

Neu aufgelegt – Fleischröllchen mit phantasievollen Füllungen. Oliven, Mandeln oder Käse bringen spannende Abwechslung.

Toskanische Putenrouladen

Zubereiten **40** Min. Garen **20** Min.

Italien

(FÜR 4 PORTIONEN)
- 4 Putenschnitzel (à 150 g)
- Salz, schwarzer Pfeffer
- 2 EL Olivenöl
- 1 TL getrockneter Oregano

FÜR DIE FÜLLUNG
- 40 g entsteinte schwarze Oliven
- 50 g Mozzarella
- ½ Bund Basilikum
- 1 EL geriebener Parmesan
- 4 eingelegte rote Peperoni

AUSSERDEM
- 4 Rouladennadeln
- 2 EL Olivenöl
- 75 ml Tomatensaft
- 75 ml Fleischbrühe

1 Schnitzel flachklopfen, salzen und pfeffern. Öl mit Oregano mischen. Fleisch damit bestreichen und kühl stellen.

2 Oliven in Scheiben schneiden. Mozzarella würfeln. Basilikum abbrausen, trockenschütteln, die Blättchen abzupfen und in Streifen schneiden.

3 Oliven, Mozzarella, Basilikum und Parmesan vermischen, salzen und pfeffern. Auf den Schnitzeln verteilen. Je eine Peperoni in die Mitte legen. Dann aufrollen und mit den Rouladennadeln feststecken.

4 Öl in einem Topf erhitzen. Rouladen darin rundherum kräftig anbraten. Tomatensaft und Brühe angießen. Zugedeckt 20 Minuten schmoren lassen.

Kanarische

Zubereiten **55** Min.

Spanien

(FÜR 4 PORTIONEN)
- 4 dünne Schweineschnitzel
- Salz, schwarzer Pfeffer

FÜR DIE FÜLLUNG
- 25 g Mandeln
- ½ Bund Petersilie
- 1 hartgekochtes Ei
- 2 Knoblauchzehen
- 1 EL Semmelbrösel

AUSSERDEM
- 4 Rouladennadeln
- 4 EL Olivenöl
- 75 ml Weißwein

1 Schnitzel flachklopfen, salzen und pfeffern. Mandeln in einer Pfanne rösten, hacken.

Schweineröllchen

Garen **25** Min.

2 Die Petersilie abbrausen, trockenschütteln und fein hacken. Das Ei schälen und fein würfeln. Den Knoblauch schälen, durch die Presse drücken.

3 Mandeln, Petersilie, Knoblauch, Ei und Brösel vermischen. Füllung auf den Schnitzeln verteilen, dabei einen etwa 2 cm breiten Rand frei lassen.

4 Schnitzel aufrollen und jeweils mit einer Rouladennadel feststecken. Öl in einer Kasserolle erhitzen und die Rouladen darin rundherum kräftig anbraten. Dann den Wein und 75 ml Wasser dazugießen. Alles zugedeckt 25 Minuten schmoren lassen.

Berner Rollen

Zubereiten **45** Min. Garen **20** Min.

Schweiz

(Für 4 Portionen)

- 4 dünne Kalbsschnitzel (à 150 g)
- Salz, schwarzer Pfeffer
- 1 TL Speisestärke

Für die Füllung

- 1 Frühlingszwiebel
- 50 g geriebener Sbrinz oder Emmentaler
- 1 Eigelb
- 1 Prise Cayennepfeffer
- 2 TL Dijon-Senf
- 4 Scheiben gekochter Schinken (120 g)

Ausserdem

- 4 Rouladennadeln
- 3 EL Öl
- 150 ml Fleischfond
- 2 EL Crème fraîche

1 Schnitzel flachklopfen, salzen, pfeffern und kühl stellen. Frühlingszwiebel putzen, waschen und fein zerkleinern.

2 Käse, Eigelb und Zwiebel vermischen. Mit Salz, Pfeffer und Cayennepfeffer würzen. Die Schnitzel auf einer Seite mit Senf bestreichen und mit dem Schinken belegen. Mit der Käsemasse bestreichen. Dabei einen Rand von etwa 2 cm frei lassen.

3 Das Fleisch aufrollen und rundherum mit Speisestärke bestäuben, dann mit Rouladennadeln feststecken. Das Öl in einer Kasserolle erhitzen. Die Rouladen darin rundherum kräftig anbraten.

4 Den Fond angießen. Zugedeckt bei schwacher Hitze etwa 20 Minuten schmoren lassen. Dann die Crème fraîche in die Garflüssigkeit einrühren und die Sauce abschmecken.

GEFÜLLTER KÜRBIS MIT DILLSAUCE

UNGARN

Wenn der Spätsommer beginnt und der Herbst vor der Tür steht, beginnt die Kürbiszeit. Eine originelle Idee aus Ungarn: Kürbishälften mit einer Hackmasse füllen und überbacken.

ZUTATEN
(Für 4 Portionen)

- 2 Moschuskürbisse (à 600 g)

FÜR DIE FÜLLUNG
- 1 Brötchen, 100 ml Milch
- 1 Bund Petersilie
- 1 Zwiebel
- 1 Knoblauchzehe
- 500 g gemischtes Hackfleisch
- 1 Ei, 2 EL saure Sahne
- 3 EL Semmelbrösel
- 1 EL edelsüßes Paprikapulver
- Salz, schwarzer Pfeffer
- 50 g Butter

FÜR DIE SAUCE
- 40 g Butter, 40 g Mehl
- ¼ l Gemüsebrühe
- 200 g Schlagsahne
- 1 Bund Dill

AUSSERDEM
- Butter für die Form
- Alufolie zum Abdecken

1 Die Kürbisse waschen, schälen und halbieren (siehe Kochtip). Die Kerne entfernen. Das Brötchen in der Milch einweichen. Die Petersilie abbrausen, trockenschütteln und ohne grobe Stiele fein hacken. Die Zwiebel schälen und fein würfeln. Den Knoblauch schälen und durch die Presse drücken.

Schritt 1

2 Das Brötchen ausdrücken und grob zerkleinern. Das Fleisch mit Zwiebel, Knoblauch, Ei, Sahne und Brösel verkneten. Mit Paprikapulver, Salz und Pfeffer würzen.

Schritt 2

3 Den Backofen auf 200 °C vorheizen. Eine feuerfeste Form ausfetten. Die Fleischmasse in die Kürbishälften füllen und gut festdrücken. Die Kürbishälften in die Form setzen. Die Butter in Stückchen auf den Hälften verteilen. Mit Alufolie abdecken. Im Ofen (Gas 3; Umluft 180 °C) etwa 1 Stunde garen.

Schritt 3

4 Für die Sauce die Butter erhitzen. Das Mehl dazugeben und kurz anschwitzen. Die Brühe und die Sahne unterrühren. Alles bei schwacher Hitze 10 Minuten köcheln lassen. Mit Salz und Pfeffer würzen. Den Dill abbrausen, trockenschütteln, zerkleinern und untermischen. Die Kürbisse darauf anrichten.

Zubereiten **1** Std. **50** Min.
Garen **1** Std.
Pro Portion: 640 kcal/2678 kJ; 35 g EW; 41 g F; 33 g KH

TYPISCH UNGARISCH

Das wichtigste Würzkraut in Ungarns Küche ist der Dill. In den Bauerngärten auf dem Lande wächst diese Würzpflanze mit den zartgefiederten aromatischen Blättchen recht üppig. Das Kraut würzt das Gulasch, kommt an viele Kohlgerichte und ist ein wichtiger Bestandteil der pikant eingelegten Salzgurken.

Kochtip

• Wenn Sie Gartenkürbis nehmen, beim Einkauf die angegebene Menge abschneiden lassen. Das Kürbisstück in 4 Spalten teilen, diese entkernen und füllen.

• Bei der Zubereitung der Sauce sollten Sie den Topf nach dem Anschwitzen des Mehls von der Herdplatte nehmen und dann erst die Flüssigkeit unterrühren.

Serviertip

Dazu paßt ein gemischter Salat, z. B. mit Batavia- und Romanasalat, Brunnenkresse, Frühlingszwiebeln und Tomaten.

Ein Gläschen trockener ungarischer Rotwein mundet bestens zum Kürbisgericht.

SERVIERTIP Reichen Sie davor als leichtes Hauptgericht eine Kartoffelsuppe mit frischem Majoran.

Nach dem Knödelgenuß: Slibowitz, den berühmten Zwetschgenschnaps, reichen.

𝒷ÖHMISCHE ZWETSCHGENKNÖDEL

TSCHECHIEN

Eine süße Spezialität, die vor allem Kinder mögen: Knödel aus Kartoffelteig mit fruchtiger Füllung. Unbedingt dazu gehören die in Butter gerösteten Semmelbrösel und viel Puderzucker.

ZUTATEN

(Für 4 Portionen)

FÜR DEN TEIG

- 600 g mehligkochende Kartoffeln
- 180 g Mehl, 40 g Zucker
- 1 Eigelb, ½ TL Salz
- 50 g weiche Butter

FÜR DIE FÜLLUNG

- 16 Zwetschgen (siehe Zutatentip)
- 1 EL Puderzucker
- 1 TL Zimt

AUSSERDEM

- Mehl für die Arbeitsfläche
- 125 g Butter
- 80 g Semmelbrösel
- 2 EL Puderzucker
- ½ TL Zimt

ZUTATENTIP

Am besten geeignet sind süße kleine Spätsommerzwetschgen. Außerhalb der Saison am besten Trockenpflaumen oder Mus nehmen.

1 In einem Topf Wasser zum Kochen bringen. Kartoffeln waschen und darin etwa 20 Minuten kochen. Zwetschgen heiß waschen und trockenreiben. Seitlich einschneiden und entsteinen. Puderzucker und Zimt vermischen. Zwetschgen damit füllen.

Schritt 1

2 Die Kartoffeln noch heiß schälen und durch die Kartoffelpresse drücken. Mit Mehl, Zucker, Eigelb, Salz und Butter zu einem geschmeidigen Teig verkneten. Den Teig auf einer bemehlten Fläche zu einer Rolle (4 cm Ø) formen und in 16 Scheiben schneiden. Jede Scheibe nochmals zwischen den Handballen flachdrücken, 1 Zwetschge darauf geben und zu einem Knödel formen.

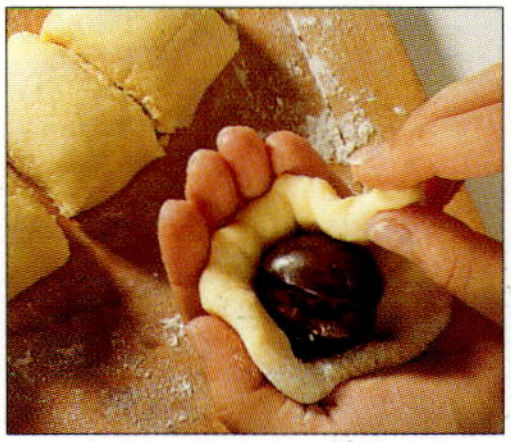

Schritt 2

3 In einem großen Topf Salzwasser zum Kochen bringen. Die Knödel darin bei schwacher Hitze 15 Minuten ziehen lassen. Inzwischen die Butter in einer Pfanne erhitzen und die Brösel darin goldbraun rösten. Den Puderzucker mit dem Zimt vermischen.

4 Die Knödel mit einer Schaumkelle herausnehmen, gut abtropfen lassen und in den Semmelbröseln wälzen. Mit der Zucker-Zimt-Mischung bestäubt servieren.

Schritt 4

Zubereiten **1** Std. **35** Min.
Garen **15** Min.
Pro Portion: 810 kcal/3389 kJ; 11g EW; 40 g F; 101 KH

TYPISCH TSCHECHISCH

Im September feiern die Böhmen ihren Schutzheiligen Wenzel. Zu diesem Termin endet die Zwetschgenernte, und die Zeit ist reif für süße, fruchtige Mehlspeisen wie Zwetschgenknödel oder -tascherl. Für den Vorrat wird fleißig Powidl, dickes Zwetschgenmus, eingekocht.

ANDALUSISCHE FISCHRÖLLCHEN

SPANIEN

Fisch vom Feinsten: Petersilie und Orangenschale, getränkt mit Olivenöl, verstecken sich im Innern der Filets. Dazu gibt es eine Sherrysauce – ein edles Gericht für besondere Anlässe.

ZUTATEN

(Für 4 Portionen)

FÜR DIE FISCHRÖLLCHEN

- 8 Seezungen- oder Schollenfilets (600 g)
- Salz, weißer Pfeffer
- 1 EL Zitronensaft
- ½ Bund Petersilie
- abgeriebene Schale von ½ unbehandelten Orange
- 4 EL Semmelbrösel
- 5 EL Olivenöl
- ½ TL Speisestärke
- 50 ml Fischfond

FÜR DIE SAUCE

- 1 EL Butter
- 2 Schalotten
- 200 ml Fischfond
- 100 g Schlagsahne
- 4 EL Fino-Sherry
- 50 ml Orangensaft
- 40 g kalte Butter

AUSSERDEM

- 8 Zahnstocher
- Zesten von ¼ unbehandelten Orange

1 Die Fischfilets waschen, trockentupfen, salzen, pfeffern und mit dem Zitronensaft beträufeln. Die Petersilie abbrausen, trockenschütteln und fein hacken. Die Orangenschale mit den Semmelbröseln, der Petersilie und 4 EL Öl vermischen. Die Filets damit bestreichen, aufrollen, mit den Zahnstochern feststecken und kühl stellen (siehe Kochtip).

Schritt 1

2 Die Butter in einem Topf erhitzen. Die Schalotten schälen, fein würfeln und darin glasig werden lassen. Mit dem Fond ablöschen und 10 Minuten einköcheln lassen.

3 Das restliche Öl in einer beschichteten Pfanne erhitzen. Die Fischröllchen mit der Speisestärke bestäuben und darin rundherum anbraten (siehe Kochtip). 50 ml Fischfond angießen. Die Röllchen zugedeckt 5 Minuten dünsten, herausnehmen und warm stellen.

Schritt 3

4 Den übrigen Fischfond mit der Sahne, dem Sherry und dem Orangensaft zum Garfond in die Pfanne gießen. Mit Salz und Pfeffer würzen und etwa 3 Minuten köcheln lassen. Die Butter in Flöckchen schneiden und unter die Sauce rühren. Die Röllchen mit der Sauce und den Orangenzesten anrichten.

Schritt 4

Zubereiten **40 Min.**

Pro Portion: 455 kcal/1904 kJ; 29 g EW; 37 g F; 11 g KH

TYPISCH ANDALUSISCH

In Andalusien ißt man das ganze Jahr über gerne Fisch. Eine besondere Rolle spielen Gerichte mit Fisch jedoch in der Woche vor Ostern, der »Semana Santa«. In allen großen und kleinen Städten gibt es tagsüber und nachts zahlreiche Prozessionen. Die Hauptstärkung an diesen Tagen liefert das Meer.

Kochtip

- Die Fischröllchen können Sie schon einige Stunden vorher zubereiten und bis zum Braten kühl stellen.
- Die Fischröllchen immer erst kurz vor dem Anbraten mit etwas Speisestärke bestäuben, sonst weicht die Stärke auf und wird glitschig. Das Bestäuben geht am besten mit einem kleinen Sieb, z. B. einem Teesieb.

Serviertip

In Spanien serviert man gerne Safranreis mit untergemischten gehäuteten Tomatenstückchen zu den Fischröllchen.

Dazu mundet ein kühler Schaumwein, am besten ein Cava aus der Provinz Katalonien.

Hähnchen-Lasagne »Verde«

ITALIEN

Die knusprige Käsekruste verbirgt eine Überraschung: Grüne Nudeln wechseln sich mit Hähnchenfleisch, Bechamelsauce und Gemüse ab – Schicht für Schicht ein wahres Gedicht.

ZUTATEN
(Für 4 Portionen)

FÜR DIE SAUCE

- 40 g Butter
- 40 g Mehl
- 300 ml Milch
- ⅛ l Hühnerbrühe
- 75 ml trockener Weißwein
- geriebene Muskatnuß
- Salz, schwarzer Pfeffer
- 100 g Mascarpone

FÜR DIE FÜLLUNG

- 400 g Hähnchenbrustfilet
- 2 Zwiebeln
- 1 Knoblauchzehe, 2 EL Öl
- 1 TL getrockneter Oregano
- 250 g Tiefkühl-Spargel
- 100 g Brokkoli
- 300 g rote Paprikaschoten

AUSSERDEM

- Fett für die Form
- 240 g grüne Lasagne-blätter ohne Vorkochen
- 100 g geriebener Parmesan
- 25 Butter

1 Für die Sauce Butter in einem Topf erhitzen. Mehl darin anschwitzen. Milch, Brühe und Wein unterrühren. Bei schwacher Hitze 15 Minuten köcheln lassen. Mit Muskat, Salz und Pfeffer würzen. Mascarpone unterrühren.

Schritt 1

2 Hähnchenbrust in Streifen schneiden. Zwiebeln und Knoblauch schälen und würfeln. Öl in einer Pfanne erhitzen. Zwiebel und Knoblauch darin glasig werden lassen. Hähnchenbrust dazugeben und 10 Minuten braten. Mit Salz, Pfeffer und Oregano würzen.

Schritt 2

3 In einem Topf Salzwasser zum Kochen bringen. Spargel darin 12 Minuten garen. Brokkoli und Paprika putzen, waschen und etwa 2 Minuten vor Ende der Garzeit hinzufügen. Gemüse abgießen und abtropfen lassen. Brokkoli kleinschneiden und unter die Sauce mischen. Paprika in Streifen schneiden.

Schritt 4

4 Den Backofen auf 200 °C vorheizen. Eine feuerfeste Form ausfetten. Etwas Sauce in die Form geben. Abwechselnd Lasagneblätter, Hähnchenbrust, Sauce und Gemüse hineinfüllen (siehe Kochtip). Mit Sauce abschließen. Mit dem Käse bestreuen. Butter in Stückchen schneiden, darauf verteilen. Im Ofen (Gas 3; Umluft 180 °C) etwa 25 Minuten überbacken.

Zubereiten **1** Std. **10** Min.
Garen **25** Min.
Pro Portion: 820 kcal/3431 kJ; 47 g EW; 43 g F; 61 g KH

TYPISCH ITALIENISCH

Die beliebte Nudelspezialität Lasagne aus dem Backofen findet sich in italienischen Restaurants auf nahezu jeder Speisekarte. Der Name stammt vom altitalienischen Wort »lagane«, was soviel wie Platten bedeutet. Ein Klassiker ist die »Lasagne alla Bolognese« mit Hackfleischsauce, die in Bologna ihren Ursprung hat.

Kochtip

- Wichtig beim Einschichten der Zutaten: Die Nudelplatten müssen stets mit genügend Sauce oder Feuchtigkeit vom Gemüse umgeben sein, sonst trocknen sie beim Backen aus und werden hart.
- Lasagne können Sie schon einige Stunden vorher zubereiten und dann erst in den Ofen schieben.

Serviertip

Ein original italienischer Appetitanreger: mit luftgetrocknetem Parmaschinken umwickelte Grissinistangen.

Einen italienischen Rotwein, wie einen Chianti oder einen Bardolino, dazu reichen.

VENEZIANISCHE ZUCCHINIBLÜTEN

ITALIEN

Zarte Zucchiniblüten umhüllen eine raffinierte Füllung aus Hähnchenfleisch und Champignons. Auf Paprika-Tomaten-Gemüse serviert, ist das eine Spezialität auf italienische Art.

ZUTATEN
(Für 4 Portionen)

- 8 Zucchiniblüten (siehe Zutatentip)

FÜR DIE FÜLLUNG
- 150 g Champignons
- 2 Schalotten, 3 EL Olivenöl
- 1 TL getrockneter Thymian
- 200 g Hähnchenbrustfilet
- 200 g Crème fraîche
- Salz, schwarzer Pfeffer
- Cayennepfeffer

FÜR DAS GEMÜSE
- 1 gelbe Paprikaschote
- 3 EL Olivenöl
- 2 Schalotten
- 1 Knoblauchzehe
- 2 TL getrockneter Oregano
- 1 Dose gewürfelte Tomaten (400 g)
- 1 EL gehacktes Basilikum

ZUTATENTIP
Die Blüten gibt es aus dem eigenen Garten, auf Märkten oder in Gemüsegeschäften.

1 Blüten mit einem weichen Pinsel säubern, vorsichtig öffnen und den Blütenstempel entfernen (siehe Kochtip). Pilze putzen, Schalotten schälen. Beides fein hacken. Das Öl in einer Pfanne erhitzen. Pilze und Schalotten 10 Minuten darin dünsten. Mit Thymian würzen. Abkühlen lassen und kühl stellen.

Schritt 1

2 Die Hähnchenbrust fein würfeln. Mit der Crème fraîche im Mixer zerkleinern (siehe Kochtip). Die Pilzmischung dazugeben und untermixen. Mit Salz, Pfeffer und Cayennepfeffer würzen. In einen Spritzbeutel mit Lochtülle füllen und in die Blüten spritzen.

Schritt 2

3 Die Blüten oben leicht zudrehen und in einen Dämpfeinsatz legen. Den Einsatz in einen passenden Topf mit kochendem Wasser setzen und die Blüten darin zugedeckt etwa 12 Minuten bei mittlerer Hitze sanft garen.

4 Die Paprika putzen, waschen und würfeln. In einer Pfanne Öl erhitzen. Schalotten und Knoblauch schälen, fein würfeln und darin glasig werden lassen. Paprika und Oregano dazugeben, 5 Minuten dünsten. Die Tomaten dazugeben, 5 Minuten weiterdünsten. Mit Salz, Pfeffer und Basilikum würzen. Die Blüten auf dem Gemüse anrichten.

Schritt 4

Zubereiten 1 Std. 25 Min.
Pro Portion: 405 kcal/1694 kJ; 16 g EW; 34 g F; 9 g KH

TYPISCH ITALIENISCH
Frisches Gemüse spielt in ganz Italien eine wichtige Rolle. Mit besonders phantasievollen Gemüsekreationen hat sich jedoch Treviso einen Namen gemacht, die Stadt in der Nachbarschaft Venedigs. Hier gibt es auf den vielen Märkten vom Frühling bis zum Spätsommer auch die schönsten Zucchiniblüten zu kaufen.

Kochtip

- Falls kleine Zucchini an den Blütenstielen sind, sollten Sie diese daran lassen und vor dem Dämpfen fächerartig einschneiden, damit sie weich werden.
- Die Hähnchenbrust direkt aus dem Kühlschrank nehmen. Bei der Crème fraîche empfiehlt es sich, sie vorher 5 Minuten in das Tiefkühlfach zu stellen.

Serviertip

Als Vorspeise Melone mit Parmaschinken, Käsewürfel mit Melonenkugeln oder mit halbierten Kirschtomaten servieren.

Ein Colli Euganei Binaco, ein leichter Weißwein aus der Nähe Venedigs, ergänzt dieses Essen gut.

Kalbskoteletts mit Roquefort

Frankreich

Diese Koteletts haben es in sich. Nach Art des Languedoc sind sie mit Roquefort sowie Kerbel gefüllt und werden mit einer Kruste aus Semmelbröseln und Nüssen knusprig überbacken.

ZUTATEN
(Für 4 Portionen)

- 4 Kalbskoteletts (à 250 g)
- Salz, schwarzer Pfeffer

FÜR DIE FÜLLUNG

- 150 g Roquefort (siehe Zutatentip)
- 1 Bund Kerbel
- 1 EL Olivenöl
- 1 Prise Cayennepfeffer

FÜR DIE HÜLLE

- 40 g Walnußkerne
- 125 g Crème fraîche
- 2 TL scharfer Senf
- 20 g Semmelbrösel
- 20 g Butter

AUSSERDEM

- Küchengarn, Nadel
- Fett für die Form
- 1 EL Mehl
- 50 g Butterschmalz

Zutatentip
Statt dessen können Sie auch einen Bavaria Blue nehmen.

1 Die Koteletts salzen, pfeffern und eine Tasche hineinschneiden. Den Roquefort mit einer Gabel zerdrücken. Den Kerbel abbrausen, trockenschütteln und fein hacken. Den Käse, die Hälfte des Kerbels und das Öl vermischen. Mit Salz, Pfeffer und Cayennepfeffer kräftig würzen.

2 Die Koteletts mit der Masse füllen und die Öffnungen mit Küchengarn zunähen. Zugedeckt kühl stellen (siehe Kochtip). Die Walnüsse fein hacken. Crème fraîche, Senf, restlichen Kerbel, Nüsse und Semmelbrösel verrühren und mit Salz und Pfeffer würzen.

3 Den Backofen auf 250 °C vorheizen. Eine flache Auflaufform ausfetten. Dann die Koteletts auf beiden Seiten mit dem Mehl bestäuben. Das Butterschmalz in einer Pfanne erhitzen, die Koteletts darin auf jeder Seite etwa 4 Minuten anbraten, dann in die Form legen (siehe Kochtip).

4 Die Butter in Stückchen schneiden. Die oberere Seite der Koteletts mit der Nuß mischung bestreichen und mit der Butter belegen. Im Ofen (Gas 5; Umluft 230 °C) auf der oberen Schiene in etwa 8 Minuten knusprig überbacken und sofort servieren.

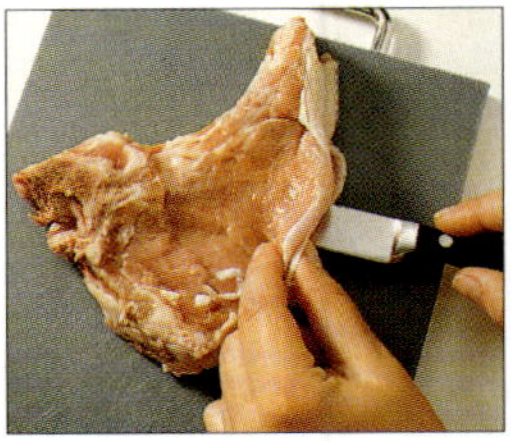

Schritt 1

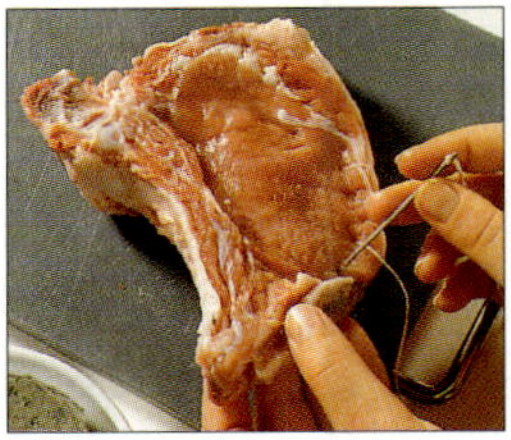

Schritt 2

Schritt 4

Zubereiten **45** Min.
Pro Portion: 645 kcal/2698 kJ; 51 g EW; 46 g F; 7 g KH

Typisch Languedoc
Die Heimat des weltberühmten Roqueforts liegt im Südwesten Frankreichs, im Languedoc, das sich von Arles bis zur Grenze Spaniens erstreckt. Den Namen verdankt der Blauschimmelkäse dem Bergdorf Roquefort-sur-Soulzon, nördlich von Montpellier. Eine weitere Spezialität der Region sind deftige Fleischgerichte.

Kochtip

- Die Koteletts können Sie bereits einige Stunden vorher füllen und bis zum Braten und Überbacken kühl stellen. Auch die Nußmischung läßt sich vorbereiten.
- Wer eine Pfanne mit ofenfesten Griffen hat, brät die Koteletts darin an und bestreicht sie dann mit der Nußmischung. Das Umsetzen in die Form entfällt.

Serviertip

Als Beilage bißfest gegarten Spargel und Brokkoli reichen. Das Gemüse mit etwas zerlassener Butter beträufeln.

Dazu bietet sich ein kräftiger Rotwein an, etwa ein Corbières aus dem Languedoc.

Herzhafte Mangoldwickel

FRANKREICH

Ein typisches Sommergericht aus dem sonnenverwöhnten Süden Frankreichs: Frischer Mangold, blanchiert und mit einer herzhaften Brätmasse gefüllt, wird in Tomatensauce gegart.

ZUTATEN

(Für 4 Portionen)

- 1 kg Blattmangold (siehe Zutatentip)
- Salz, schwarzer Pfeffer
- 1 Brötchen vom Vortag
- ¼ l Milch
- 1 Zwiebel
- 1 EL Öl
- 1 Bund Petersilie
- 400 g Kalbsbrät
- 2 Eier
- 1 TL Thymian
- 250 g Tomatenpüree
- 250 g Crème fraîche

AUSSERDEM

- Fett für die Form

Zutatentip

Anstelle von Mangold können Sie auch große Spinatblätter nehmen. Immer mehrere Spinatblätter so zusammenlegen, daß sie sich überlappen.

1 Den Mangold waschen und putzen. Die dicken Stiele abschneiden. Salzwasser zum Kochen bringen. Die Mangoldblätter darin kurz blanchieren, dann eiskalt abschrecken und gut abtropfen lassen.

2 Die Brötchen in der Milch einweichen. Die Zwiebel schälen und fein hacken. 1 EL Öl erhitzen, die Zwiebel darin glasig dünsten. Die Petersilie abbrausen, trockenschütteln und ohne grobe Stiele hacken.

3 Das Brötchen gut ausdrücken und in eine Schüssel geben. Das Brät, die Zwiebel, die Petersilie und die Eier hinzufügen und alles gut vermischen. Dann mit Salz, Pfeffer und Thymian kräftig würzen. Den Backofen auf 200 °C vorheizen.

4 Eine Auflaufform ausfetten. Die Mangoldblätter ausbreiten, etwas Füllung in die Mitte geben und zu Päckchen einschlagen (siehe Kochtip). In die Form setzen. Die Tomaten hinzufügen. Dann zugedeckt im Ofen (Gas 3; Umluft 180 °C) 25 Minuten garen. Herausnehmen und warm stellen. Die Crème fraîche unter die Tomatensauce rühren. Kurz köcheln lassen, dann salzen und pfeffern. Die Mangoldwickel nochmals kurz darin erhitzen.

Schritt 3

Schritt 4

Schritt 4

Zubereiten 30 Min. Garen 25 Min.
Pro Portion: 745 kcal/3117 kJ; 26 g EW; 64 g F; 16 g KH

Typisch französisch

In der französischen Küche hat der vitamin- und mineralstoffreiche Mangold schon einen festen Platz. Während Blattmangold mit seinen dünnen Rippen gerne gefüllt oder als zarte Beilage im Topf landet, liefert der gröbere Rippenmangold vor allem Blattstiele, die ähnlich wie frischer Spargel zubereitet werden.

KOCHTIP

Die Mangoldblätter auf einer Arbeitsfläche ausbreiten. Jeweils etwa 1 gehäuften EL von der Füllung darauf verteilen. Die Seiten darüberschlagen. Die Mangoldblätter aufrollen. Eine ofenfeste flache Form ausfetten und die Mangoldwickel mit der Nahtseite nach unten nebeneinander hineinlegen.

SERVIERTIP

Als Dessert bietet sich ein Kastenkuchen mit Zitronenguß und kandierten Zitronenscheiben an.

Zu den herzhaften Mangoldwickeln paßt am besten ein kühles Pils oder eine Weinschorle.

Serviertip Traditionell ißt man zu solchen gefüllten Päckchen in Marokko einen Möhrensalat. Lauwarmer Pfefferminztee, mit viel Zucker gesüßt, ist die richtige Begleitung dazu.

*B*LÄTTERTEIGPÄCKCHEN »MARRAKESCH«

MAROKKO

Die knusprig ausgebackenen Teigpäckchen überraschen mit einer Füllung aus Ziegenkäse, der mit Minze, Petersilie, Knoblauch und Zwiebeln auf nordafrikanische Art gewürzt ist.

ZUTATEN

(Für 4 Portionen)

- 300 g Tiefkühl-Blätterteig (5 Platten)

FÜR DIE FÜLLUNG

- 25 g Mandeln
- 1 Bund Petersilie
- ½ Bund Minze
- 2 Frühlingszwiebeln
- 2 Knoblauchzehen
- 200 g Ziegenfrischkäse (siehe Zutatentip)
- 3 EL Milch
- Salz, schwarzer Pfeffer
- edelsüßes Paprikapulver

AUSSERDEM

- Mehl für die Arbeitsfläche
- 250 ml Olivenöl
- einige Blätter Romanasalat

ZUTATENTIP

Statt Ziegenkäse können Sie genausogut Schafskäse für die Füllung verwenden.

1 Den Teig nach Packungsanleitung auftauen. Die Mandeln in einer Pfanne ohne Fett rösten, dann fein hacken. Die Kräuter abbrausen, trockenschütteln und ohne grobe Stiele fein hacken. Die Frühlingszwiebeln putzen, waschen und fein zerkleinern. Den Knoblauch schälen und durch die Presse drücken.

2 Den Ziegenkäse mit einer Gabel in einer Schüssel zerdrücken. Mit den Mandeln, Kräutern, den Frühlingszwiebeln, dem Knoblauch und der Milch vermischen. Mit Salz, Pfeffer und Paprika würzen.

3 Die Teigplatten übereinanderlegen. Auf einer bemehlten Arbeitsfläche zu einem Rechteck (50 x 32 cm) ausrollen. Dieses in 20 Rechtecke (10 x 8 cm) schneiden und je 1 gehäuften TL Käsemasse darauf setzen. Den Teig erst von den Schmalseiten, dann von den Längsseiten über die Füllung klappen, damit sie sich überlappen und Päckchen entstehen. Die Ränder festdrücken.

4 Das Öl in einer Pfanne erhitzen. Dann die Päckchen darin auf beiden Seiten 2 Minuten goldbraun backen. Auf Küchenpapier abtropfen lassen. Die Päckchen auf den Salatblättern auf einem Teller anrichten.

Schritt 1

Schritt 2

Schritt 3

Zubereiten **1** Std.

Pro Portion: 619 kcal/2552 kJ; 16 g EW; 50 g F; 24 g KH

TYPISCH MAROKKANISCH

Die traditionellen Teigblätter Marokkos heißen »bstella«. Ihr Ursprung liegt in Andalusien, von dort gelangten sie mit den zurückkehrenden arabischen Eroberern nach Marokko. Heute sind gefüllte Teigpäckchen ein beliebter Imbiß an einem der unzähligen Straßenstände.

TOMATEN MIT COUSCOUS-FÜLLUNG

Weizengrieß geht hier mit Kräutern, Zitronensaft, Gurke und Tomate eine herrliche Verbindung ein. Das leichte, frische Sommergericht aus Ägypten ist für heiße Tage wie geschaffen.

ÄGYPTEN

ZUTATEN
(Für 4 Portionen)

- 8 große Fleischtomaten

FÜR DIE FÜLLUNG

- 375 ml Gemüsebrühe
- 150 g Couscous-Grieß (siehe Zutatentip)
- 2 Frühlingszwiebeln
- ¼ Salatgurke (200 g)
- ½ Bund Petersilie
- ½ Bund Minze
- 1 Knoblauchzehe
- 6 EL Zitronensaft
- 4 EL Olivenöl
- Salz, schwarzer Pfeffer
- 1 Prise Cayennepfeffer

AUSSERDEM

- 8 Zitronenachtel
- 1 EL Minzeblättchen

ZUTATENTIP

Couscous-Grieß gibt es in ausländischen Geschäften und im Reformhaus. Wichtig: Achten Sie darauf, daß der Grieß bereits vorgegart ist.

1 Für die Füllung die Brühe in einem Topf zum Kochen bringen. Den Grieß hineingeben und auf der ausgeschalteten Herdplatte etwa 10 Minuten quellen lassen.

2 Die Frühlingszwiebeln putzen, waschen und in feine Ringe schneiden. Die Gurke schälen und in Stifte schneiden. Die Petersilie und die Minze abbrausen, trockenschütteln und ohne grobe Stiele hacken. Den Knoblauch schälen und durch die Presse drücken.

Schritt 2

3 Den Zitronensaft mit dem Öl verquirlen und mit Salz, Pfeffer, Cayennepfeffer und Knoblauch würzen. Den lauwarmen Couscous in eine Schüssel geben und mit der Marinade vermischen. Die Kräuter, die Zwiebeln und die Gurken untermischen. Alles 2 Stunden ziehen lassen (siehe Kochtip).

Schritt 3

4 Die Tomaten waschen und trockenreiben. Unterhalb des Stielansatzes durchschneiden und aushöhlen. Die Tomaten innen salzen und pfeffern. Das feste Fruchtfleisch kleinschneiden, mit Salz und Pfeffer würzen und unter den Couscous mischen. Den Couscous in die Tomaten füllen (siehe Kochtip). Dann die Tomaten mit Zitronenachteln und Minzeblättchen garniert servieren.

Schritt 4

Zubereiten **1** Std. **15** Min.
Pro Portion: 320 kcal/1339 kJ; 8 g EW; 13 g F; 43 g KH

TYPISCH ÄGYPTISCH

Couscous-Grieß ist im gesamten nördlichen Afrika ein wichtiges Nahrungsmittel. Der mittelgrobe Weizengrieß wird mit Fleisch, Geflügel und/oder Gemüse kombiniert. Im heißen Wüstenstaat Ägypten sind Tomaten mit Couscous sehr beliebt, denn sie löschen angenehm den Durst und sättigen gleichzeitig.

Kochtip

- Die Couscous-Füllung können Sie schon am Vortag zubereiten und über Nacht kühl stellen.
- Je nach Größe der Tomaten kann noch Füllung übrigbleiben, diese sollten Sie separat dazu servieren.
- Falls die Tomaten nicht stehenbleiben wollen, die untere Seite mit einem Messer etwas flach schneiden.

Serviertip

Knusprig gegrillte, pikant gewürzte Lammkoteletts sind eine wunderbare Ergänzung zu den gefüllten Tomaten.

Als Getränk selbstgemachte Orangenlimonade mit vielen Eiswürfeln anbieten.

*J*ERUSALEMER FLEISCHRÖLLCHEN

ISRAEL

Die Hülle, ein mit Muskat abgeschmeckter Teig, ist die richtige Ergänzung zur Fülle, eine äußerst pikante Hackfleischmasse mit Piment, Kreuzkümmel, Paprikapulver und Pinienkernen.

ZUTATEN
(Für 4 Portionen)

FÜR DIE FÜLLUNG

- 2 Knoblauchzehen
- 1 Zwiebel
- 2 EL Öl
- 250 g Rinderhackfleisch
- 3 Msp. gemahlenes Piment
- 1 TL gemahlener Kreuzkümmel
- 3 Msp. scharfes Paprikapulver
- Salz, schwarzer Pfeffer
- 1 EL Pinienkerne

FÜR DIE HÜLLE

- 2 gegarte mehligkochende Kartoffeln (180 g)
- 250 g Mehl
- ¼ TL geriebene Muskatnuß
- 1 Ei
- ½ TL Salz

AUSSERDEM

- Mehl
- Öl zum Ausbacken
- 1 EL gehackte Petersilie

1 Den Knoblauch und die Zwiebel schälen und fein würfeln. Das Öl in einer Pfanne erhitzen und beides darin glasig werden lassen. Das Fleisch hinzufügen. Die Gewürze unterrühren. Das Fleisch 7 Minuten anbraten, dabei umrühren. Abkühlen lassen und nochmals abschmecken. Die Pinienkerne in einer Pfanne ohne Fett rösten und untermischen.

2 Die Kartoffeln schälen und fein reiben. Mit dem Mehl, dem Muskat, dem Ei und etwa 100 ml Wasser in einer Schüssel zu einem Teig verkneten (siehe Kochtip). In 32 Stücke teilen. Jedes Teigstück zwischen den bemehlten Handballen zu einem 5 cm großen Fladen drücken. Dann mit beiden Händen noch weiter auseinanderziehen.

3 Je 1 TL Fleischfüllung auf die einzelnen Fladen geben, den Teig darüberklappen und mit den Händen zu einer Kugel formen. Dann die Kugel zwischen den Handflächen zu einer 5 cm langen Rolle formen.

4 Das Öl in einer hohen Pfanne erhitzen und die Röllchen darin auf jeder Seite etwa 2 Minuten schwimmend ausbacken (siehe Kochtip). Auf Küchenpapier abtropfen lassen. Mit Petersilie garniert anrichten.

Schritt 2

Schritt 3

Schritt 4

Zubereiten **2** Std.
Pro Portion: 555 kcal/2322 kJ;
22 g EH; 28 g F; 54 g KH

TYPISCH ISRAELISCH

In den bizarren Restaurants der Jerusalemer Altstadt kann man immer wieder neue Spezialitäten aus aller Herren Länder entdecken. Die vielen Kulturen, die hier zusammentreffen, bieten ein abwechslungsreiches Speiseangebot. Durch Gewürze, wie Kreuzkümmel oder Kardamom, liegt der Duft des Orients in der Luft.

Kochtip

- Ist der Teig zu fest, sollten Sie nach und nach noch weiteres Wasser untermischen. Bei zu weichem Teig müssen Sie noch etwas Mehl unterkneten.
- Wenn Sie eine Friteuse haben, können Sie die Teigrollen bei 180 °C etwa 4 Minuten darin fritieren. Dann wie beschrieben auf Küchenpapier abtropfen lassen.

Serviertip

Als Vorspeise einen Salat aus Orangenfilets und Möhrenraspeln mit einer Orangen-Vinaigrette reichen.

Erfrischend ist ein frischgepreßter Grapefruitsaft, der mit etwas Mineralwasser verdünnt wird.

Forelle 3 x Anders

So kommt der Fisch mit neuer Note auf den Tisch: Die Forelle wird mit Schinken, Gemüse oder Kräutern lecker gefüllt und im Ofen gegart.

(FÜR 4 PORTIONEN)
- 4 küchenfertige Forellen (à 300 g)
- Salz, schwarzer Pfeffer

AUSSERDEM
- Butter für die Form
- 50 ml Weißwein
- 50 ml Fischfond

Grundrezept

Alle Fische garen in Wein und Brühe in der Auflaufform. Die Füllung macht den Unterschied.

1 Die Forellen unter fließend kaltem Wasser außen und innen waschen, dann trockentupfen. Innen und außen salzen und pfeffern.

2 Eine entsprechende feuerfeste Form mit Butter ausfetten. Die Fische mit den Öffnungen nach oben dicht nebeneinander in die Form setzen. Backofen auf 200 °C vorheizen.

3 Die Füllungen nach untenstehenden Rezepten zubereiten und die Fische damit füllen.

4 Den Wein und den Fond in die Form gießen und die Forellen im Ofen (Gas 3; Umluft 180 °C) etwa 25 Minuten garen. Heiß reichen.

Forellen mit Schinken

Zubereiten **45** Min. Garen **25** Min.

Spanien

- **100 g Serranoschinken**
- **1 Knoblauchzehe**
- **1 weiße Zwiebel**
- **6 EL Olivenöl**
- **25 g Mandelblättchen**

3 Den Schinken in Streifen schneiden. Den Knoblauch und die Zwiebel schälen und würfeln. 2 EL Olivenöl in einer Pfanne erhitzen. Die Zwiebel und den Knoblauch darin glasig werden lassen. Den Schinken dazugeben und kurz anbraten. Die Mischung in die Bäuche der Fische füllen.

4 Die Forellen wie in dem Grundrezept beschrieben garen.

5 Das restliche Öl in der Pfanne erhitzen. Die Mandelblättchen darin goldbraun rösten. Die Fische auf einer Platte anrichten, mit den Mandeln bestreuen und mit dem Öl begießen.

Forellen mit Knoblauch

Zubereiten **50** Min. Garen **25** Min.

Italien

- 1 rote Zwiebel
- 4 Knoblauchzehen
- 1 unbehandelte Zitrone
- 4 EL Olivenöl
- 2 EL gehacktes Basilikum
- Salz, schwarzer Pfeffer

3 Die Zwiebel schälen, halbieren, in Scheiben schneiden. Den Knoblauch schälen und fein würfeln. Die Zitrone heiß waschen, trockenreiben, die Schale fein abschälen und in feine Streifen schneiden. Das Öl in einer Pfanne erhitzen. Zwiebel und Knoblauch darin glasig werden lassen. Die Hälfte des Basilikums und die Hälfte der Zitronenschale untermischen. Salzen und pfeffern. Die Fische mit der Mischung füllen.

4 Die Forellen wie in dem Grundrezept beschrieben garen.

5 Die Zitrone auspressen. Die Fische anrichten. Dann mit dem Saft beträufeln. Mit dem Basilikum und der Zitronenschale bestreuen.

Forellen mit Gemüse

Zubereiten **1** Std. Garen **25** Min.

Deutschland

- 1 Zwiebel
- 1 große Möhre
- 100 g Lauch
- 1 Bund Petersilie
- 50 g Butter
- Salz, schwarzer Pfeffer
- 2 EL Semmelbrösel
- 1 Eigelb

3 Zwiebel schälen und würfeln. Möhre und Lauch waschen, putzen und fein würfeln. Petersilie abbrausen, trockenschütteln und ohne grobe Stiele fein zerkleinern. 20 g Butter in einer Pfanne erhitzen. Das Gemüse anbraten, 1 EL Wasser dazugeben und kurz dünsten. Mit Salz und Pfeffer würzen. Die Hälfte der Petersilie untermischen. Brösel und Eigelb unter das abgekühlte Gemüse mischen. Die Mischung in die Fische füllen.

4 Die Forellen wie in dem Grundrezept beschrieben garen.

5 Die restliche Butter in eine Pfanne geben und erhitzen. Die übrige Petersilie in die Pfanne geben und die Fische damit begießen.

*S*ÜDINDISCHE TEIGTÄSCHCHEN

INDIEN

»Samosas« nennen die Inder die knusprigen Teigtäschchen mit der scharf abgeschmeckten Füllung. Jede Region hat ihre eigenen Rezepte. Hier ein vegetarisches mit Kartoffeln und Erbsen.

ZUTATEN
(Für 4 Portionen)

FÜR DEN TEIG
- 300 g Mehl
- ½ TL Salz
- 50 g weiches Butterschmalz
- 135 g Joghurt

FÜR DIE FÜLLUNG
- 260 g festkochende Kartoffeln
- 1 große Zwiebel
- 2 Knoblauchzehen
- 2 cm frische Ingwerwurzel
- 30 g Butterschmalz
- ½ TL gemahlener Kreuzkümmel
- 100 g Tiefkühl-Erbsen
- 1 TL Garam Masala
- ¼ TL Chilipulver, Salz

AUSSERDEM
- Mehl für die Arbeitsfläche
- Öl zum Ausbacken

1 Für die Füllung in einem Topf Wasser zum Kochen bringen. Die Kartoffeln waschen und darin 20 Minuten garen. Dann schälen und in 1 cm große Würfel schneiden. Die Zwiebel, den Knoblauch und den Ingwer schälen. Die Zwiebel würfeln. Den Knoblauch und den Ingwer fein hacken.

Schritt 1

2 Schmalz in einem Topf erhitzen. Zwiebel, Knoblauch und Ingwer darin glasig werden lassen. Kreuzkümmel untermischen. Die Kartoffeln und unaufgetauten Erbsen dazugeben und 5 Minuten anbraten. 2 EL Wasser dazugeben. Alles 7 Minuten bei schwacher Hitze garen. Mit Garam Masala, Chilipulver und Salz würzen. Abkühlen lassen.

Schritt 2

3 Für den Teig Mehl mit Salz, Schmalz und Joghurt gründlich verkneten (siehe Kochtip) und 10 Minuten ruhen lassen. Teig achteln, jeweils zu einer Kugel formen und auf einer bemehlten Fläche zu Kreisen (20 cm Ø) ausrollen. Die Kreise halbieren und je 2 TL Füllung in die Mitte geben. Ränder mit Wasser bepinseln. Halbkreise in der Mitte umklappen, so daß ein Dreieck entsteht. Kanten 1 cm umklappen, gut festdrücken. Im heißen Fett auf jeder Seite 2 Minuten schwimmend ausbacken (siehe Kochtip) und servieren.

Schritt 3

Zubereiten **1** Std. **20** Min.
Pro Portion: 535 kcal/2238 kJ; 13 g EW; 22 g F; 71 g KH

TYPISCH INDISCH

Samosas gibt es im ganzen Land. Sie werden in Indien ganz besonders gerne zu religiösen Festen serviert. Im Süden enthalten sie besonders viele Gewürze. Vor allem die Malabarküste im Südwesten Indiens ist äußerst bekannt als »Gewürzgarten«. Von hier aus werden Gewürze aller Art tagtäglich in die ganze Welt verschifft.

Kochtip

• Der Teig muß schön geschmeidig sein und darf nicht kleben. Ist er zu fest, noch etwas Joghurt dazugeben. Unter zu weichen Teig weiteres Mehl kneten.

• Zum Fritieren eignet sich ein Fritiertopf oder ein Wok. Wenn Sie eine Friteuse haben, können Sie die Teigtaschen darin bei 170 °C etwa 4 Minuten garen.

Serviertip

Als Hauptgericht mit Zwiebeln und Chilis in Kokosmilch gegarte Garnelen auf körnig gekochtem Reis servieren.

Schwarztee, mit Milch gemischt, mit Kardamom, Zimt und Nelken gewürzt, paßt gut.

SERVIERTIP Bieten Sie davor eine kräftige Fischsuppe mit Zitronengras und Reisnudeln an.

Traditionell sollten Sie einen lauwarmen Reiswein zu den Gurkenröllchen servieren.

GURKENSCHIFFCHEN MIT GRÜNEM SPARGEL

CHINA

Spargel, Tomaten, Eier und Schnittlauch werden von der Gurke ganz schön eingewickelt. Ein Blickfang und feiner Leckerbissen aus China für das Büfett oder als Imbiß.

ZUTATEN
(Für 4 Portionen)

- 2 hartgekochte Eier
- 125 g grüner Spargel (siehe Zutatentip)
- Salz, schwarzer Pfeffer
- 1 Tomate
- 1 Bund Schnittlauch
- 50 g Sojabohnenkeime (frisch oder aus dem Glas)
- 1 EL Sojasauce
- 3 EL Salatmayonnaise
- 1 TL Fünf-Gewürze-Pulver
- 1 große Salatgurke

AUSSERDEM

- 8 Cocktailtomaten
- 1 EL gehackter Koriander

ZUTATENTIP

Wenn es gerade keinen grünen Spargel gibt, ersatzweise frischen weißen oder tiefgekühlten Spargel nehmen. Die Garzeit verlängert sich dann um etwa 5 Minuten.

1 Die Eier schälen und fein würfeln. Den Spargel waschen und die unteren Enden putzen und schälen. In einem Topf Salzwasser zum Kochen bringen. Den Spargel darin bei mittlerer Hitze 12 Minuten garen. Dann herausnehmen, abtropfen und abkühlen lassen. In 1 cm große Stücke schneiden.

Schritt 1

2 Die Tomate kurz blanchieren, enthäuten, halbieren, entkernen und fein würfeln, dabei den Stielansatz entfernen. Den Schnittlauch abbrausen, trockenschütteln und in Röllchen schneiden. Den Spargel mit den Tomaten, den Eiern, den Sojakeimen und dem Schnittlauch vermischen. Mit Salz, Pfeffer und Sojasauce würzen. Die Mayonnaise mit dem Gewürzpulver verrühren.

Schritt 2

3 Die Gurke schälen, längs halbieren und in je 8 Stücke von 4 cm Länge schneiden. Die Kerne mit einem Teelöffel herauskratzen, dabei leicht aushöhlen. Die Gurkenschiffchen salzen, pfeffern und mit der Mayonnaise bestreichen. Die Füllung auf den Gurkenschiffchen verteilen, dann einrollen. Die Tomaten waschen, trocknen und vierteln. Danach die Gurkenschiffchen mit den Tomaten und dem Koriander auf Tellern anrichten.

Schritt 3

Zubereiten 40 Min.
Pro Portion: 150 kcal/627 kJ;
6 g EW; 11 g F; 7 g KH

TYPISCH CHINESISCH

Die Chinesen lieben mundgerechte Happen, die sie aus der Hand essen können – und sie haben eine Schwäche für Gefülltes: Nudeltäschchen, Frühlingsrollen, Paprikaschiffchen und vieles mehr. Solche Köstlichkeiten gibt es überall bereits auch fertig zu kaufen.

Koreanische Zwiebelringe

Korea

Sesamöl und -samen verleihen den Zwiebeln einen Hauch von fernöstlicher Exotik. Sie werden in dicke Ringe geschnitten und mit einer würzigen Masse aus Fleisch und Tofu gefüllt.

ZUTATEN
(Für 4 Portionen)

- 4 große Gemüsezwiebeln
- 6 Knoblauchzehen
- 2 EL Öl
- 150 g Tofu
- 500 g Hackfleisch
- 1 Ei
- Salz, schwarzer Pfeffer
- ¼ TL Chilipulver

AUSSERDEM

- 4 EL Mehl zum Wenden
- etwa 100 ml Öl
- 2 EL Sesamsamen
- 2 EL Sesamöl (siehe Zutatentip)

Zutatentip

Sesamöl aus den gerösteten Samen erkennt man an der Bernsteinfarbe und an seinem nussigen Geschmack. Man bekommt es in Asienläden.

1 Die Zwiebeln schälen und in 1½ cm dicke Scheiben schneiden. Das Mittelstück herausdrücken, so daß ein 2 cm breiter Außenrand bleibt. Den Knoblauch schälen und mit den Zwiebelmittelstücken fein würfeln. In einer Pfanne das Öl erhitzen und beides darin glasig werden, dann abkühlen lassen.

Schritt 1

2 Den Tofu kleinschneiden und mit dem Hackfleisch, dem Knoblauch, den Zwiebeln und dem Ei verkneten. Mit Salz, Pfeffer und Chili würzen. In die Mitte der Zwiebelringe je 1 EL Hackfleischmischung geben. 1 weiteren EL darauf geben und mit einem Eßlöffel flachdrücken, so daß eine Seite der Ringe komplett mit dem Hackfleisch bedeckt ist. Die Ringe rundherum in Mehl wenden.

Schritt 2

3 Das Öl in einer Pfanne mit einem hohen Rand erhitzen. Die Zwiebelringe zuerst auf der Fleischseite etwa 5 Minuten knusprig braten. Dann wenden und die andere Seite etwa 6 Minuten braten (siehe Kochtip). Die Sesamsamen in einer Pfanne ohne Fett goldgelb rösten. Die gefüllten Zwiebelringe mit dem Sesam und Sesamöl beträufelt servieren.

Schritt 3

Zubereiten **1** Std.

Pro Portion: 580 kcal/2427 kJ; 33 g EW; 42 g F; 17 g KH

Typisch Koreanisch

In Korea pflegt man Traditionen, wie zum Beispiel das Korbflechten. Sie werden wie die Küchengeheimnisse von Generation zu Generation weitergegeben. Auch dieses Rezept gehört zu den überlieferten Gerichten, die koreanische Köchinnen zur Freude ihrer Familie regelmäßig auf den Tisch bringen.

Kochtip

Wenn nicht alle Zwiebelringe in eine Pfanne passen, braten Sie sie am besten in 2 Portionen. Die fertigen Zwiebelringe im Backofen bei 50 °C warm stellen. Wichtig: Das Fett muß immer richtig heiß sein, wenn die Zwiebelringe in die Pfanne kommen, sonst saugen sie zuviel Fett auf und werden nicht knusprig.

Serviertip

Eine feine Beilage sind in Streifen geschnittene gebackene Omeletts und »Blüten« aus Frühlingszwiebeln.

Mineralwasser mit Eiswürfeln und einem Schuß Limonensaft ist ein idealer Begleiter dazu.

LAMMSCHULTER »KOLONISTENGANS«

AUSTRALIEN

Lamm statt Gans – so hieß einst die Devise der australischen Einwanderer. Sie füllten das Lammfleisch mit Nüssen, Gewürzen und Bacon, und siehe da, es erinnerte an eine Gans.

ZUTATEN
(Für 6 Portionen)

- etwa 850 g Lammschulter (ausgelöst, mit eingeschnittener Tasche zum Füllen)
- Salz, schwarzer Pfeffer
- 1 Knoblauchzehe
- 2 EL Öl
- 1 TL getrockneter Thymian
- 2 Möhren, 1 Zwiebel
- 3 Zweige Rosmarin
- 30 g Butterschmalz
- 150 ml Weißwein
- 150 ml Fleischbrühe

FÜR DIE FÜLLUNG

- 1 altbackenes Brötchen
- 75 g Bacon
- 1 Zwiebel
- 2 Knoblauchzehen
- 2 EL Öl
- 1 Bund Petersilie
- 50 g Macadamianußkerne
- 1 Ei

AUSSERDEM

- Küchengarn, Nadel

1 Fleisch salzen und pfeffern. Den Knoblauch schälen, durch eine Presse drücken. Mit Öl und Thymian mischen. Das Fleisch damit einreiben, 2 Stunden marinieren.

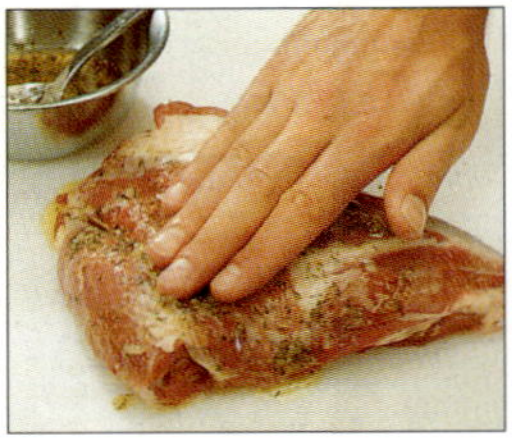

Schritt 1

2 Für die Füllung das Brötchen in Wasser einweichen. Den Bacon in Streifen schneiden. Die Zwiebel und den Knoblauch schälen und würfeln. Das Öl in einer Pfanne erhitzen und beides darin glasig werden lassen. Den Bacon dazugeben, kurz mitbraten.

3 Petersilie abbrausen, trockenschütteln und fein hacken. Nüsse mittelfein hacken. Brötchen ausdrücken und mit allen Zutaten für die Füllung mischen. Salzen und pfeffern. Die Schulter mit der Masse füllen, zunähen.

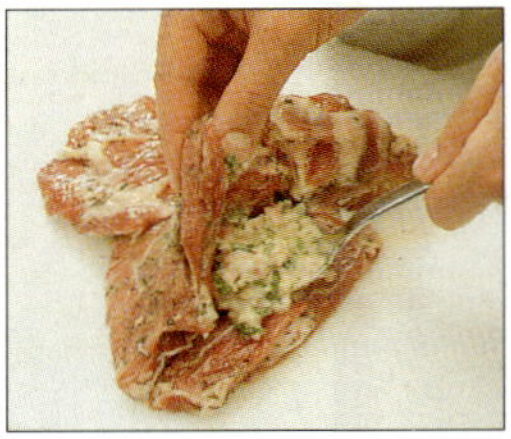

Schritt 3

4 Möhren und Zwiebel schälen und würfeln. Rosmarin waschen, trockenschütteln. Backofen auf 175 °C vorheizen. Schmalz im Bräter erhitzen. Schulter darin rundum anbraten. Möhren, Zwiebel, Rosmarin dazugeben, kurz mitrösten. Dann Wein und Brühe angießen. Zugedeckt im Ofen (Gas 2; Umluft 150 °C) 1 Stunde schmoren, nach 35 Minuten wenden. Fleisch warm stellen (siehe Kochtip). Bratenfond mit Gemüse pürieren und würzen. Zum Fleisch servieren.

Schritt 4

Zubereiten **4** Std. Marinieren **2** Std.
Garen **1** Std. **10** Min.
Pro Portion: 800 kcal/3347 kJ;
28 g EW; 73 g F; 8 g KH

TYPISCH AUSTRALISCH

Federvieh war in der Zeit der ersten europäischen Einwanderer rar. Sie stopften daher die Lammschulter so, daß sie dank der noch darin vorhandenen Knochen einer Gans ähnelte. Dieses Rezept für die sogenannte »Kolonistengans« ist wesentlich vereinfacht, schmeckt aber garantiert so gut wie das Original.

KOCHTIP

• Das Fleisch können Sie bereits am Vortag marinieren und zugedeckt in einer Schüssel im Kühlschrank aufbewahren. Das gleiche gilt für die Füllung.

• Wenn das Fleisch gar ist, sollten Sie es noch 10-15 Minuten ruhen lassen. Am besten in Alufolie gewickelt in den ausgeschalteten Backofen legen.

SERVIERTIP

Als Beilage passen knusprig gebackene Gemüsewürfel, wie etwa Kartoffeln, Möhren und Kürbis.

Der ideale Begleiter ist ein australischer Rotwein, etwa ein trockener Shiraz.

BAKED POTATO MIT LACHS

USA

Dampfende Folienkartoffeln mit einer Füllung aus zartem Räucherlachs, milden Avocadowürfeln und jeder Menge frischem Dill zeigen, wie man in Amerika gerne schlemmt.

ZUTATEN
(Für 4 Portionen)

- 4 große festkochende Kartoffeln (etwa 1 kg)
- Salz, weißer Pfeffer
- 1 TL Kümmel
- 1 reife Avocado (siehe Kochtip)
- 4 EL Zitronensaft
- 150 g saure Sahne
- 150 g Crème fraîche
- 1 großes Bund Dill
- 100 g Räucherlachs

AUSSERDEM

- 4 Stücke Alufolie
- Zitronenspalten zum Anrichten
- Dill zum Garnieren

ZUTATENTIP

Beim Fischhändler gibt es hin und wieder Lachsabschnitte besonders preiswert zu kaufen. Da der Lachs ohnehin zerkleinert wird, können Sie hier ohne weiteres zugreifen.

1 Die Kartoffeln unter fließendem Wasser abbürsten. In einem Topf Wasser mit Salz und Kümmel zum Kochen bringen. Die Kartoffeln darin zugedeckt 25 Minuten vorgaren.

2 Den Backofen auf 250 °C vorheizen. Die Avocado halbieren und den Stein herauslösen. Dann das Fruchtfleisch aus der Schale lösen, in kleine Würfel schneiden und sofort mit dem Zitronensaft beträufeln.

3 In einer Schüssel die saure Sahne mit der Crème fraîche verrühren. Den Dill abbrausen und trockenschütteln. Dann die Dillspitzen abzupfen und mit der Avocado unter die Sahnemischung rühren. Kalt stellen.

4 Die Kartoffeln abgießen und kreuzweise einschneiden. Dann einzeln in Alufolie einwickeln. Im Ofen (Gas 5; Umluft 230 °C) 15-20 Minuten backen.

5 Die Kartoffeln leicht aufdrücken. Den Lachs in feine Würfel schneiden. Einige Würfel beiseite stellen. Den restlichen Lachs unter die Sahnemischung rühren. Mit Salz und Pfeffer abschmecken. Auf die Kartoffeln geben und die Lachswürfelchen darüberstreuen. Mit Zitronenspalten und Dill servieren.

Schritt 2

Schritt 4

Schritt 5

Zubereiten **10** Min. Garen **1** Std.
Pro Portion: 640 kcal/2678 kJ;
22 g EW; 43 g F; 41 g KH

TYPISCH WESTKÜSTE

Denkt man an die Westküste der USA, fallen einem zuerst die unberührte Landschaft, die rauhen Küsten und natürlich der Fischreichtum ein. Vor allem Lachs wird dort heute noch in großen Mengen und von guter Qualität gefischt. Er wird gerne geräuchert und, typisch amerikanisch, mit Folienkartoffeln serviert.

Kochtip

Avocados werden leider oft in unreifem Zustand verkauft. Sie sind dann hart und haben wenig Aroma. Wenn Sie dieses Gericht zubereiten möchten, sollten Sie die Avocado rechtzeitig besorgen. Sie reift bei Zimmertemperatur innerhalb weniger Tage nach und wird dabei schön weich und aromatisch.

Serviertip

Sie können die Kartoffeln auch längs halbieren und mit den Schnittflächen nach unten auf einem Blech garen.

Servieren Sie dazu ein kühles helles Bier und nach dem Essen als Digestif einen Aquavit.

Gefüllte Eier aus Louisiana

USA

ZUTATEN

(Für 4 Portionen)

- 8 hartgekochte Eier

FÜR DIE FÜLLUNG

- 40 g roher Schinken
- 4 Msp. Cayennepfeffer
- ¼ TL edelsüßes Paprikapulver
- 1 grüne Paprikaschote
- 1 Frühlingszwiebel
- 1 TL Zitronensaft
- 4 EL Salatmayonnaise
- 2 TL Dijon-Senf
- Salz, schwarzer Pfeffer
- 4 Tropfen Tabasco-Sauce

FÜR DIE MARINADE

- 1 rote Zwiebel
- 8 Kopfsalatblätter
- 1 EL Weinessig
- 2 EL Olivenöl
- ¼ TL Dijon-Senf

Die pikante Füllung, mit Cayennepfeffer abgeschmeckt, spiegelt das Temperament und die Vorliebe für Scharfes der Südstaaten wider – ein schnelles Gericht, das sich sehr gut vorbereiten läßt.

1 Die Eier schälen und halbieren. Die Eigelbe herauslösen und in einer Schüssel mit einer Gabel zerdrücken. Den Schinken fein würfeln. Mit dem Cayennepfeffer und dem Paprikapulver bestäuben. Die Paprika halbieren, putzen, waschen und fein hacken. ¾ der Paprika beiseite stellen. Die Frühlingszwiebel putzen, waschen und fein hacken.

Schritt 1

2 Den Schinken mit ¼ der Paprika, der Frühlingszwiebel, dem Zitronensaft, der Mayonnaise, dem Senf und den Eigelben vermischen. Die Masse mit Salz, Pfeffer und Tabasco würzen und in den Eihälften gleichmäßig verteilen (siehe Kochtip).

Schritt 2

3 Die Zwiebel schälen und in feine Ringe schneiden. Die Salatblätter waschen und trockentupfen. Den Essig mit dem Öl, dem Senf, Salz und Pfeffer verrühren.

4 Die Salatblätter, die beiseite gestellten Paprikawürfel und die Zwiebel auf vier Tellern verteilen und mit der Marinade beträufeln. Die Eihälften auf dem Salat anrichten und mit etwas Cayennepfeffer bestäuben.

Schritt 2

Zubereiten **35** Min.
Pro Portion: 370 kcal/1549 kJ; 18 g EW; 31 g F; 4 g KH

Typisch amerikanisch

Charakteristisch für die traditionelle Cajun-Küche in Louisiana ist die Schärfe der Speisen. Kein Wunder, daß hier die weltweit berühmte Tabasco-Sauce zu Hause ist. Sie wird aus roten Chilischoten hergestellt, die mit Salz fermentiert und mit Essig versetzt werden – an ihr kommt hier auch kein Jazz-Musiker vorbei.

KOCHTIP

- Die Eier können Sie bereits am Vortag kochen und die Füllung schon gleichzeitig vorbereiten.
- Besonders hübsch sehen die Eier aus, wenn Sie die Masse mit einem Spritzbeutel mit breiter Sterntülle in die Eihälften spritzen. Wer dies nicht hat, verteilt die Füllung mit einem kleinen Löffel in die Hälften.

SERVIERTIP

Ein Salat aus roten Bohnen, Maiskörnern und Staudensellerie sieht gut dazu aus und schmeckt einfach hervorragend.

Zum Ei-Imbiß paßt ein leichter fruchtiger Weißwein aus Kalifornien oder Washington State.

SERVIERTIP Scharfe grüne oder rote Chilisauce, gekauft oder selbst zubereitet, dazu anbieten.

Frischgepreßter Orangensaft mit einem Schuß Grenadinesirup ist ein feiner Begleiter.

*M*AISPÄCKCHEN »TAMALES«

MEXIKO

ZUTATEN
(Für 6 Portionen)

FÜR DIE HÜLLE
- 300 g Maismehl
- 2 TL Backpulver, ¾ TL Salz
- 150 g Schweineschmalz

FÜR DIE FÜLLUNG
- 250 g Schweineschnitzel
- 1 große Zwiebel
- 5 Knoblauchzehen, 2 EL Öl
- Salz, schwarzer Pfeffer
- 50 ml Fleischbrühe
- ½ Dose gewürfelte Tomaten (200 g)
- 30 g geschälte, gehackte Mandeln
- ¼-½ TL Chilipulver
- ¼ TL gemahlenes Piment
- 1 TL getrockneter Oregano
- ½ TL gemahlener Kreuzkümmel

AUSSERDEM
- etwa 24 getrocknete Maisblätter 10 x 20 cm (siehe Küchen-Lexikon)

Das Lieblingsgericht vieler Mexikaner heißt »Tamales«. Die Päckchen mit der Maishülle verheißen einen köstlichen Inhalt. Hier ein Rezept mit raffiniert gewürztem Schweinefleisch.

1 Die Maisblätter über Nacht in Wasser einweichen. Das Mehl mit dem Backpulver und dem Salz vermischen. Das Schmalz mit den Knethaken des Handrührgeräts cremig rühren. Nach und nach die Mehlmasse unter das Schmalz kneten. ⅛ l Wasser unterschlagen, so daß ein weicher Teig entsteht.

Schritt 1

2 Das Fleisch in feine Streifen schneiden. Die Zwiebel und den Knoblauch schälen und fein würfeln. Das Öl in einer Pfanne erhitzen. Beides darin glasig werden lassen. Das Fleisch hinzufügen und 5 Minuten mitbraten. Mit Salz und Pfeffer würzen. Die Brühe, Tomaten, Mandeln und Gewürze unterrühren. Alles etwa 7 Minuten köcheln, dann abkühlen lassen. Den Backofen auf 175 °C vorheizen.

Schritt 2

3 Die Maisblätter ausbreiten. Etwa 1 EL Teig auf jedes Blatt geben und auf eine Fläche von 7 x 12 cm breitdrücken. Darauf je 1 EL Füllung verteilen. Eine Längsseite des Blattes etwas weiter als bis zur Mitte falten, die andere Längsseite darüberfalten. Dann die Blätter einmal quer falten, so daß ein 10 cm langes, 4 cm breites Päckchen entsteht. Die Päckchen in einen Dämpfeinsatz stellen, so daß die Blattenden nach oben schauen und 1 Stunde über heißem Wasser dämpfen.

Schritt 3

Zubereiten **3** Std. Garen **1** Std.
Einweichen **12** Std.
Pro Portion: 540 kcal/2259 kJ; 15 g EW; 33 g F; 46 g KH

TYPISCH MEXIKANISCH

Tamales gibt es in ganz Mexiko, und jede »Cantina« hat ihr eigenes Rezept. Allen gemeinsam ist eine Hülle aus aparten Maisblättern. Die Füllung kann herzhaft, süß, scharf oder mild sein. Nach ihrem Genuß widmen sich die Mexikaner gerne der wohlverdienten Siesta.

Mexikanische Nudeln

Gefüllte Nudeln auf mexikanische Art: Rote Bohnen, Mais, Tomatensauce, Gewürze und natürlich Käse verleihen ihnen eine ungewöhnliche Note. Verwöhnen Sie Ihre Gäste damit!

Mexiko

ZUTATEN

(Für 4 Portionen)

- 1 rote oder grüne Chilischote
- 1 Zwiebel
- 1 Dose Kidneybohnen (Abtropfgewicht 400 g)
- 1 Dose Maiskörner (Abtropfgewicht 340 g)
- 3 EL Öl
- 1 Pck. Tomatenstücke mit Kräutern (Füllmenge 370 g; siehe Zutatentip)
- ½ Bund Basilikum
- 12 große Muschelnudeln
- Salz, schwarzer Pfeffer
- 50 g Ricotta
- 75 g geriebener Bergkäse

AUSSERDEM

- Alufolie für die Form

Zutatentip

Fertige Tomaten-Mischungen finden Sie in den meisten gutsortierten Supermärkten.

1 Die Chilischote halbieren, von Stielansatz und Samensträngen befreien, waschen und in feine Ringe schneiden. Dann die Zwiebel schälen und fein würfeln. Die Bohnen und den Mais in einem Sieb kalt abbrausen und abtropfen lassen (siehe Kochtip).

Schritt 1

2 Das Öl erhitzen. Die Zwiebel, die Chili, die Bohnen und den Mais darin bei starker Hitze kurz andünsten. Die Hälfte der Tomaten dazugeben und alles unter Rühren dickflüssig einkochen, dann abkühlen lassen.

Schritt 2

3 Den Backofen auf 180 °C vorheizen. Das Basilikum abbrausen, trockenschütteln und die Blätter zerkleinern. Die Nudeln nach Packungsanleitung in reichlich Salzwasser bißfest garen. Abgießen und gut abtropfen lassen (siehe Kochtip). Die restlichen Tomaten in einer Auflaufform verteilen und die Nudeln nebeneinander darauf setzen.

Schritt 4

4 Die Bohnen, den Mais, den Ricotta, 1 EL Käse und das Basilikum vermischen. Mit Salz und Pfeffer würzen. Die Nudeln damit füllen, dann mit dem restlichen Käse bestreuen. Die Form mit Alufolie verschließen. Im Ofen (Gas 2-3; Umluft 160 °C) etwa 30 Minuten überbacken. Heiß servieren.

Zubereiten **20** Min. Garen **30** Min.
Pro Portion: 485 kcal/2029 kJ;
17 g EW; 17 g F; 66 g KH

Typisch mexikanisch

Die Mexikaner sind eine lebensfrohe Nation, die gerne und viel feiert. Musik gehört immer dazu. Je heißer die Rhythmen, desto besser die Stimmung. Und natürlich wird bei den unzähligen Festen auch reichlich gespeist. Nicht unbedingt überbackene Nudeln, sondern vielmehr Tacos, Tostatas, Tortillas und Quesadillas.

KOCHTIP

- Damit die Kidneybohnen aus der Dose die anderen Zutaten nicht färben, sollten Sie die Bohnen kalt abbrausen, gut abtropfen lassen und dann vorsichtig mit Küchenpapier trockentupfen.
- Die Muschelnudeln immer vorsichtig abgießen, denn sie reißen ganz leicht ein.

SERVIERTIP

Zu den gefüllten Nudeln gemischte Blattsalate mit Tomatenachteln und einer Kräuter-Vinaigrette reichen.

Traditionell trinkt man zu diesem Gericht in Mexiko ein gutgekühltes Bier.

Hochzeitsessen mit Rind

ARGENTINIEN

Knusprig, fruchtig, würzig – das ungewöhnliche Fleischgericht mit zartem Rindfleisch, umhüllt mit mürbem Teig, ist in Argentinien ein Festessen und wird gerne auf Hochzeiten serviert.

ZUTATEN
(Für 6 Portionen)

FÜR DEN TEIG
- 300 g kalte Butter
- 600 g Mehl
- 1 Ei
- 1 TL Salz

FÜR DIE FÜLLUNG
- 1 kg Rindfleisch (Hüfte)
- 2 Zwiebeln
- 4 EL Öl
- ⅛ l trockener Weißwein
- 2 EL Zucker
- ¼ TL gemahlener Zimt
- ½ TL gemahlene Nelke
- 1 TL getrockneter Oregano
- ½ TL Chilipulver
- 1 Lorbeerblatt
- Salz, schwarzer Pfeffer
- 3 feste Pfirsiche
- 2 EL Semmelbrösel

AUSSERDEM
- Butter für die Form
- 1 Eigelb

1 Die Butter in kleine Stücke schneiden. Zusammen mit dem Mehl, dem Ei, dem Salz und 8-12 EL Wasser rasch zu einem glatten Teig verkneten. In Frischhaltefolie wickeln und 2 Stunden kühl stellen.

Schritt 1

2 Das Fleisch in 1 cm große Würfel schneiden. Die Zwiebeln schälen und würfeln. Das Öl in einem Topf erhitzen. Das Fleisch darin 4 Minuten anbraten. Die Zwiebeln dazugeben und kurz mitbraten. Dann Wein, Zucker, Zimt und die Gewürze hinzufügen. Alles zugedeckt 25 Minuten bei schwacher Hitze schmoren, dann abkühlen lassen.

Schritt 2

3 Den Backofen auf 200 °C vorheizen. Die Pfirsiche überbrühen, schälen, halbieren und entsteinen. Den Teig halbieren und zu 2 Rechtecken (35 x 25 cm und 25 x 20 cm) ausrollen (siehe Kochtip).

4 Eine feuerfeste Form (28 x 20 cm) ausfetten. Den Boden und Rand mit der großen Teigplatte auskleiden. Mit Brösel bestreuen. Die Füllung darauf verteilen, Brösel darüberstreuen, mit Pfirsichen belegen und mit der zweiten Teigplatte bedecken. Teig am Rand andrücken. Mit Eigelb bestreichen. Im Ofen (Gas 3; Umluft 180 °C) 30 Minuten backen.

Schritt 4

Zubereiten **1** Std. **30** Min.
Garen **25** Min. Backen **30** Min.
Pro Portion: 1010 kcal/4226 kJ; 56 g EW; 52 g F; 79 g KH

Typisch argentinisch

Argentiniens Pampa weist alle Vorzüge der Natur auf: fruchtbare Böden und saftig grüne Weiden - ideale Voraussetzungen für die Rinderzucht. Die Rinder wurden einst von den Spaniern gebracht. Heute spielen Steaks & Co. auf dem argentinischen Speisezettel eine große Rolle, täglich kommt Fleisch auf den Tisch.

KOCHTIP

- Die Teigplatten am besten auf Frischhaltefolie ausrollen. Dann kleben sie nicht an der Arbeitsfläche.
- Aus den Teigresten können Sie beliebige Motive ausstechen und die Oberfläche damit hübsch garnieren.
- In die Teigoberfläche vor dem Backen ein kleines Loch stechen, damit der Dampf entweichen kann.

SERVIERTIP

Als Dessert in Kuvertüre getauchte Orangenfilets und selbstgemachte Schokoladenmousse servieren.

Der richtige Tropfen dazu: ein kräftiger Cabernet Sauvignon von Argentiniens Weinbergen.

Küchen-Lexikon

Auf diesen beiden Seiten sind praktische Informationen, die Ihnen bei der Zubereitung der Rezepte als Anregung dienen können.

Bündner Fleisch

Diese Fleischspezialität stammt aus Graubünden. Fettarmes, zartes Rindfleisch aus der Keule wird mit einer Kräuterlake eingerieben und dann mehrere Monate lang luftgetrocknet.

Forelle

Sie ist ein Süßwasserfisch aus der Familie der Lachse. In den Geschäften werden meist Zuchtfische angeboten. Forellen schmecken am besten, wenn sie am Tag des Einkaufs getötet und zubereitet werden. Am besten lassen Sie sie gleich im Fischgeschäft küchenfertig vorbereiten.

Lasagne-Platten

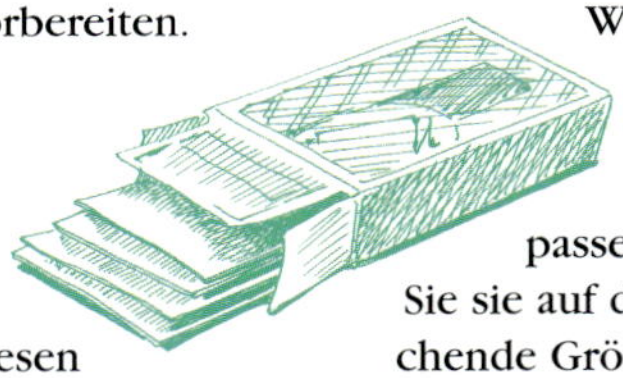

Bei ihnen handelt es sich um extrabreite Nudelteigplatten aus Italien. Das Vorgaren entfällt bei den meisten Sorten, lesen Sie auf der Packung nach und wählen Sie Nudelplatten ohne Vorkochen. Wichtig: Die Platten müssen von allen Seiten mit Sauce oder Feuchtigkeit umgeben sein, sonst werden sie beim Garen hart. Wenn die Platten nicht genau in die Auflaufform passen, können Sie sie auf die entsprechende Größe brechen.

Die wichtigsten Grundfüllungen

Hackfleischfüllung

Sie besteht meist aus durchgedrehtem Fleisch, Ei, eingeweichtem, ausgedrücktem Brötchen und Gewürzen. Das Fleisch sollte frisch durchgedreht und am Tag des Einkaufs verwendet werden. Auch beim Ei ist die Frische wichtig, Haltbarkeitsdatum beachten! Das eingeweichte Brötchen gut ausdrücken, sonst wird der Fleischteig zu weich, und dann zerkleinern. Sollte der Hackfleischteig tatsächlich einmal zu weich geraten, noch Semmelbrösel oder Mehl unterkneten.

Gemüsefüllung

Kleingeschnittenes vorgegartes Gemüse ist eine beliebte Basis für Füllungen. Es wird meist mit Ei, Semmelbrösel und Kräutern zu einer Masse verarbeitet. Das Gemüse sollte auf alle Fälle gleichmäßig zerkleinert werden und noch knackig sein. Lauch und Bleichsellerie verleihen der Gemüsefüllung einen intensiven Geschmack, Möhren bringen immer eine schöne Farbe.

Geflügelfarce

Geflügelfleisch oder -leber, Schlagsahne oder Crème fraîche sind die Basis von Geflügelfüllungen. Auch hier gilt: Alle Zutaten müssen eiskalt sein, bevor sie in den Mixer kommen. Fleisch oder Geflügel vorher grob zerkleinern. Falls Zwiebeln oder Pilze in die Füllung kommen, diese vorher glasig werden lassen bzw. dünsten, dann abkühlen lassen und in den Kühlschrank stellen. Die Füllung kräftig abschmecken.

Maisblätter

Sie sind getrocknet in Geschäften für ausländische Spezialitäten erhältlich. Natürlich können Sie auch die Hüllblätter von Maiskolben verwenden. Die Blätter vorsichtig ablösen und in Wasser einweichen, so daß sie geschmeidig werden. Wenn die Blätter zu klein sind oder brechen, ein zweites Blatt als »Verstärkung« nehmen. Die Blätter werden nicht mitgegessen. Ersatzweise bieten sich auch Butterbrot-, Reispapier oder Bananenblätter an.

Moschuskürbis

Der runde Kürbis mit der festen Schale und dem gelben bis orangen Fleisch gehört zu den Winterkürbissen. Seine

Erntezeit beginnt im September und endet mit dem ersten Frost im November. Er läßt sich kühl und dunkel lange lagern

Nüsse
Am besten schmecken sie frisch zerkleinert. Aus Zeitgründen können Sie jedoch auch bereits gehackte Nüsse kaufen. Nußspezialitäten wie Macadamianüsse gibt es in gutsortierten Supermärkten. Sie können sie auch durch andere Nüsse ersetzen.

Paprikapulver
Es wird aus getrockneten, gemahlenen Gewürzpaprikas hergestellt. Je höher der Samenanteil, desto schärfer ist das Pulver. Edelsüßes Paprikapulver verleiht eine kräftige Farbe und einen würzig-milden Geschmack. Es kann daher großzügig verwendet werden. Am schärfsten ist Rosenpaprika, ihn sollte man möglichst sparsam dosieren.

Rouladen
Die Bezeichnung stammt vom französischen Wort »rouler«, was so viel wie rollen bedeutet. Für Fleischrouladen verwendet man Kalbs- und Rinderkeule sowie die Oberschale des Schweines und Putenbrust. Das Fleisch wird in dünne Scheiben geschnitten und vor dem Füllen flachgeklopft. Auch mit den verschiedenen Kohlsorten und Mangold können Sie Rouladen zubereiten. Für alle Rouladen gilt: Damit sie beim Schmoren in »Form« bleiben, mit Nadeln feststecken oder mit Küchengarn umwickeln.

Gemüse & Fleisch
Damit Sie vom Einkauf bis zur Zubereitung alles perfekt machen – hier die besten Tips:

Gurken
Um Salatgurken oder auch Zucchini von außen nach innen als Spirale abzuschneiden, benötigt man ein kleines Gemüse- oder ein Obstmesser mit geschwungener Klinge.

Kürbis
Das Halbieren erfordert ein großes, stabiles, scharfes Messer. Das Entfernen der Kerne geht am besten mit einem Löffel.

Kartoffeln
Kartoffeln, die gefüllt werden, sollten gleichmäßig groß sein und vorwiegend festkochend sein, zum Beispiel Christa, Agria oder Granola. Auch Kartoffeln als Fülle, etwa bei den Samosas, müssen vorwiegend festkochend sein. Für Kartoffelteige mehlige Kartoffeln wählen, etwa Aula, Datura, Bintje oder Matilda.

Tomaten
Zum Füllen feste, möglichst große Tomaten einkaufen. Mit einem scharfen Messer einen »Deckel« abschneiden und das Fruchtfleisch vorsichtig mit einem Löffel herauslösen. Die Kerne entfernen. Das Fruchtfleisch für die Füllung verwenden.

Fleisch
Sagen Sie dem Metzger, wofür Sie das Fleisch verwenden wollen. Das Einschneiden von Taschen lassen Sie am besten schon im Geschäft erledigen. Auch das Schneiden in entsprechende Würfel geht der Fachkraft in der Metzgerei schneller von der Hand als Ihnen zu Hause und spart Zeit.

Schweinemagen
Ihn müssen Sie auf jeden Fall beim Metzger vorbestellen. Am besten lassen Sie den Schweinemagen gleich reinigen und bis auf eine Öffnung zum Füllen verschließen. Damit der Metzger die Größe festlegen kann, sollten Sie ihm in etwa die Füllmenge sagen. Das Füllen selbst geht am besten mit der Hand oder einem Eßlöffel.

Zucchiniblüten
Zucchiniblüten bekommen Sie im Sommer auf dem Wochenmarkt und beim Gemüsehändler. Sie werden in der Regel gefüllt und fritiert oder ausgebacken. Zur Abwechslung können Sie Kürbisblüten verwenden.

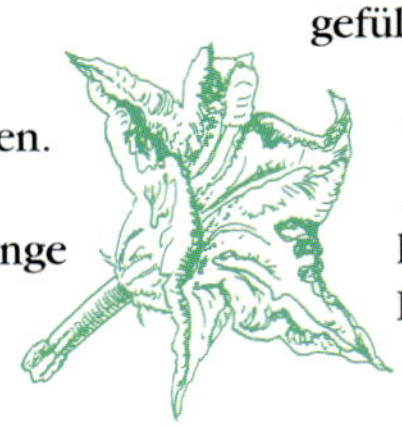

Menüvorschläge

Wollen Sie Ihre Familie oder liebe Gäste mit einem kompletten landestypischen Menü verwöhnen, lassen Sie sich von den folgenden Vorspeisen- und Dessertvorschlägen inspirieren.

Belgien

Ente mit Apfel-Rosenkohl-Füllung 6/7
Miesmuscheln in Weißwein
Waffeln mit Früchten

Deutschland

Pfälzer Saumagen 8/9
Gemüsesuppe
Weinsauce mit Eischneenocken

Thüringer Wickelhütes mit Pilzsauce 10/11
Brunnenkressesuppe
Obstkuchen vom Blech

Schweiz

Äpfel nach Graubündner Art 12/13
Emmentaler Käsequiche
Walnußtorte

Österreich

Tiroler Sauerkraut-Täschchen 14/15
Klare Suppe mit Speckknödeln
Kaiserschmarrn

Wiener Schweinefilet in Blätterteig 16/17
Gebackene Champignons
Topfen-Palatschinken

Ungarn

Gefüllter Kürbis mit Dillsauce 20/21
Paprikasalat
Mohnstrudel

Tschechien

Böhmische Zwetschgenknödel 22/23
Prager Schinken im Brotteig
Oblaten mit Schokoladeneis

Spanien

Andalusische Fischröllchen 24/25
Gazpacho
Orangensorbet mit Mandeln

Italien

Hähnchen-Lasagne »Verde« 26/27
Gnocchi mit Salbei
Mascarponecreme mit Pfirsichen

Venezianische Zucchiniblüten 28/29
Meeresfrüchtesalat
Süße Krapfen

Frankreich

Kalbskoteletts mit Roquefort 30/31
Frisée-Salat mit Putenleber
Crêpes Suzette

Rezeptregister

Impressum

Redaktion: Förstner & Knophius GmbH
Rezepte: Annette Heisch
Illustrationen: Rita Mühlbauer

Bildnachweis
Alle Titel- und Rezeptfotos:
Meister Verlag/International Masters Publisher B.V.
Michel Brauner, Dorothee Gödert, Ulrich Kerth, Chris Meier
Einleitung: 4 oben Mauritius, MacLaren; 4 unten Mauritius, World P; 4/5 Look, K. Wothe; 4/5 unten AllOver, R. Grosskopf; 5 oben The Image Bank, P. Grumann; 5 mitte Look, Ch. Heeb; 5 unten S. Knophius
Fotos zu den »Typisch-Abschnitten«: 6 Schapowalow, Borstell; 8 Mauritius, Rossenbach; 10 Bilderberg, M. Engler; 12 Bilderberg, F. Blickle; 14 Look, F. Werner; 16 Look, J. Greune; 20 AllOver, M. Stirn; 23 Schapowalow, Cora; 24 Schapowalow, Thiele; 26 Mauritius, Grasser; 28 Bilderberg, M. Horacek; 30 Hannelore Batsch; 32 Schapowalow, N. Brüggemann; 35 Mauritius, Pfleiderer; 36 Bavaria, Marx; 38 Mauritius, Vidler; 42 The Image Bank; 45 AllOver, T. Hoenig; 46 Look, R. Martini; 48 Bilderberg, P. Ginter; 50 Schapowalow, Fahn; 52 Bilderberg, Blickle; 55 Schapowalow, B. Brüggemann; 56 Look, R. Martini; 58 Bilderberg, K. Bossemeyer

Reproduktionen: Meyle+Müller Medien-Management, 75172 Pforzheim
Computer to plate: S-B-P-S GmbH Kirchberg
Druck und Weiterverarbeitung: Sebald Sachsendruck, Plauen

ISBN 3-88477-040-3